お隣りのイスラーム

日本に暮らすムスリムに会いにいく

森まゆみ

紀伊國屋書店

＊お名前の姓名の順は、日本でそれぞれの方が使われているとおりとした。

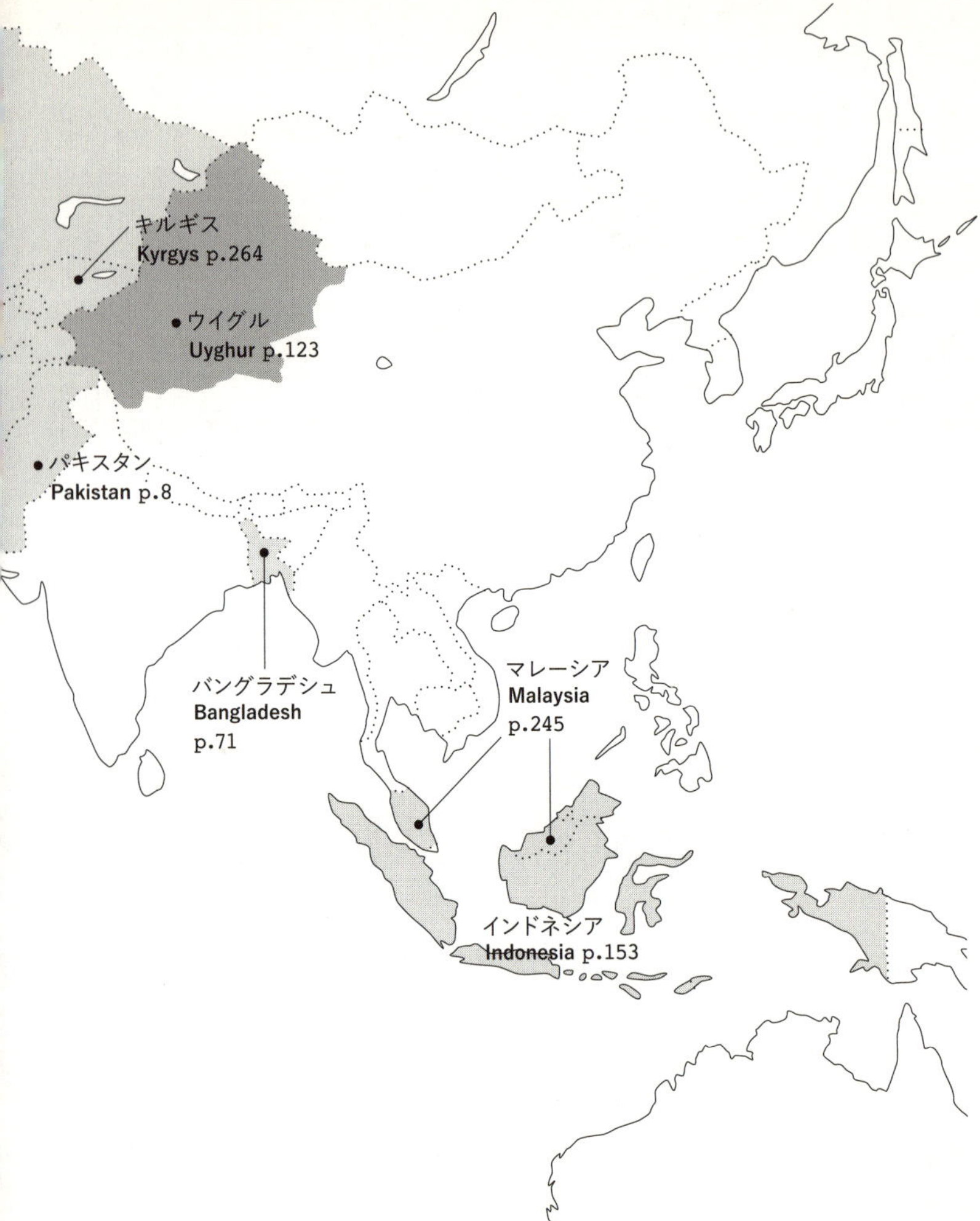
キルギス
Kyrgys p.264
ウイグル
Uyghur p.123
パキスタン
Pakistan p.8
バングラデシュ
Bangladesh
p.71
マレーシア
Malaysia
p.245
インドネシア
Indonesia p.153

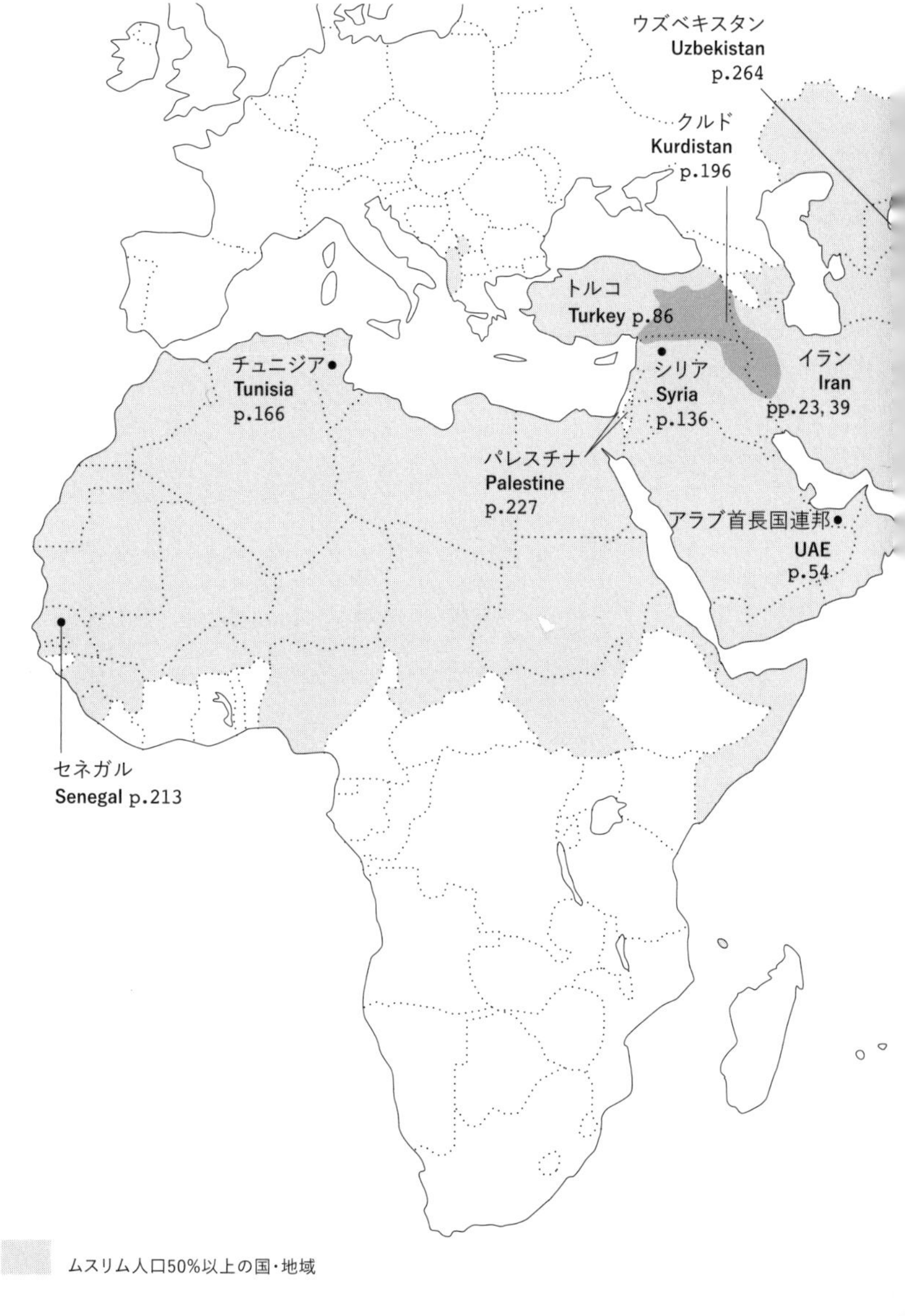
ウズベキスタン
Uzbekistan
p.264
クルド
Kurdistan
p.196
トルコ
Turkey p.86
チュニジア
Tunisia
p.166
シリア
Syria
p.136
イラン
Iran
pp.23, 39
パレスチナ
Palestine
p.227
アラブ首長国連邦
UAE
p.54
セネガル
Senegal p.213
ムスリム人口50%以上の国・地域

ブックデザイン
櫻井　久　中川あゆみ（櫻井事務所）
装画
SANDER STUDIO

お隣りのイスラーム

日本に暮らすムスリムに会いにいく

パキスタン

クレイシ・ハールーンさん

マスジド大塚事務局長

2001年ごろ、寒い冬を迎えるアフガニスタン難民のために、上着やセーターを集めたことがあった。パキスタンの砂漠はマイナス20度にもなるという。その仲立ちをしてくれたのが東京・豊島区にある大塚モスク。上着やセーターは動物の図柄やキャラクターがついていないものに限る。イスラームは偶像崇拝を禁じているので、胸のワンポイント刺繍もだめなのだという。違う文化って面白いな、とそのとき思った。

2012年7月。花子さんと

2011年3月11日の東日本大震災のあと、迅速に動きだした大塚モスクのお手伝いで、私たちはふたたび地域からの支援物資を届けにいった。

大塚モスクはJR大塚駅から歩いて2〜3分のところにある。そのあたりにはショールで髪を覆った女性も歩いている。大塚モスクは、正しくは「宗教法人 日本イスラーム文化センター（マスジド大塚）」という。そこへ行くと、たくさんの男性が車に物資を積み込んでいるところだった。話しているのは日本語か英語。国籍を聞くと、パキスタン、マレーシア、インドネシア、バングラデシュ、ミャンマー、中国とさまざまで、母国語同士では言葉も通じないらしい。それでも国境を越えて協力しているのは、「困った人がいたら助けなさい」というのがイスラームの教えだから、という。そして、「これからいわきに行くけど、あなたも乗ってく？」と気軽に誘うのであった。

こういう自由で融通無碍《むげ》な考え方が、私は好きだ。

事務局長のクレイシ・ハールーンさんに会った。クレイシが姓で、名前がハールーンさん。背の高い、黒い目の深い、ひげの濃い彼は、ゆっくり話す。

「3月11日の地震が起きて2時間後、トルコのNGOから電話があった。『日本で大変な地震があったそうだね、いまから助けにいくから』といって、12日には支援部隊が到着していました。支援物資を持ってどこへ行ったらいいか。まずは13日に仙台のモスクへ届け、そこから宮城県内の南三陸や気仙沼までまわりました。少し落ち着いてからは支援が入りにくい福島県いわき市の海岸部を重点的に支援することにした。いわきは原発から30～40キロで、原発地帯は車がいわきナンバーのため、当時、いわき全体がいわれなき差別を受けていました。物流の車も入りたがらなかったので物資も不足していた。それと、いわきなら東京から車で3時間、ガソリンを途中給油しないで往復できるという利点もありました」

２０１２年7月までに、大塚モスクからは99便の支援車が向かった。最初はインスタントラーメンや飲料水のほかに、おにぎりを５００個ほど東京で握って届け、簡単に食べられると避難所で喜ばれた。ハールーンさんは２０１１年4月初めに「これからは暖かくなり、東京でおにぎりを握って持っていくのは難しい。いわきモスクを拠点として、現地での炊き出しを重点的にしよう」と決めた。

5月、その炊き出しに私もついていくことになった。いわきモスクではバングラデシュ人の料理人マクブールさんが大鍋に油をたっぷり入れ、イモと人参と鶏肉、さまざまな香辛料の入った本格カレーをつくっていた。日本での仕事を失ったばかりだそうだが、「ワタシ、オカネないから、体だけサービス」が口癖。この日は大鍋いっぱいのカレー、大釜2杯分のご飯、サラダを車に乗せて、いわき市南部の勿来《なこそ》へ、次の日は江名小学校へ、さらに四倉高校へ。「日本人、いっぱい食べないと元気でない、ガンボロー」。マクブールさんの愉快な応援には避難者も笑顔になる。彼は避難所で出す１００食を超えるあたたかい食事を、2週間以上もほぼひとりでつくりつづけた。

大塚モスクは、仮設住宅で布団が足りないと聞くと、すぐさま300セット買って配ったりする。自分のふところからそそぎこむことをちっとも惜しまない。文京区向丘の浄土宗の寺・光源寺や地元の商店会とも協力する。宗教の勧誘をするわけでもない。こういう考え方や行動はどういうところから出てくるのか、もっと知りたくなった。

それであらためて、大塚モスクに事務局長のハールーンさんを訪ねることにした。

モスクは白いタイルを貼った間口2間半ほどの4階建てのビルで、2階建ての学校棟（幼稚

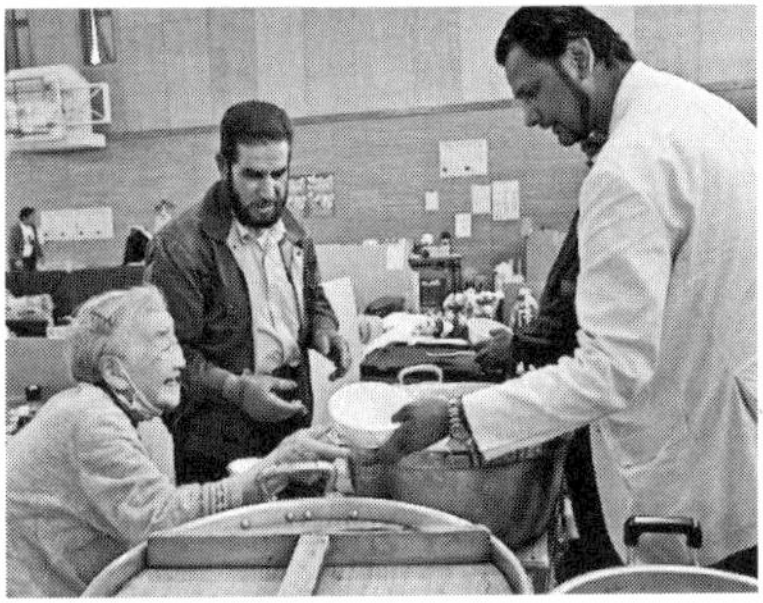

上：大塚モスク　下：いわき市での炊き出しの様子（2011年）©Japan Islamic Trust

園）と隣り合っている。側面はさわやかなペパーミントグリーンで、屋上にドームがついている。そう広いところではないが1階は女性たち、2階は男性たちの祈りと集会の場になっており、はっきり分けられている。金曜日の集団礼拝やイスラームの2大祭、断食明けの祭イード・アル＝フィトルと犠牲祭イード・アル＝アドバーにはここに数百人が集まるという。礼拝はアラビア語で行われ、日本語・英語・ウルドゥー語の解説がつく。

3階の多目的ホールで話を聞くことになった。この日、モスクは賑やかな雰囲気である。ラマダン（断食月）を前に女性たちは掃除をし、子どもたちは母親にまとわりつきながら、わいわい遊んでいる。廊下には夜、一緒に食事をとるために炊飯器がいくつも並んでいた。

まずハールーンさんのバックグラウンドを知りたいのですが。

「私は1966年にパキスタンのラホールで生まれました。パキスタンはインドの西どなり、面積は日本の2倍くらい。ラホールはムガル帝国の都もあった、日本でいえば京都みたいな古い町で、治安は悪くありません。ホンダの工場もあり、日本人もたくさん住んでいて、大学もいくつもあります。私の父は大学で化学の教授をしていました。そのころ、大学教授の給料は低くて車が買えず、父はバイクに乗っていた。庶民的な環境で育ちましたね。彼はリタイアしたあと、教育のジハードをしようと考えます」

ジハードというと「聖戦」？

「と、日本人はすぐ戦いと結びつけたがるのですが、イスラームではジハードは『努力』という意味です。よくない環境や社会を変えていく努力のことです。父は難民とかお手伝いさんの子とか、貧乏な子どもたちに制服や教科書を与えて勉強させた。貧しい家庭の親は、自分が行けなかったから、学校の大切さを知らないんです。いまは一般の子どもも入ってきて、かなりレベルの高い学校になりました。私は3男で、兄ふたりはラホールにいます。妹がいまその学校の校長をしています」

上：ラホールの町並み（2014年） creative commons by Sohailsanwar12　下：ラホール城（2006年） creative commons by Farhan Wilayat Butt

お父さんの活動が、いまのハールーンさんのボランティア活動につながっているんでしょうね。どんな子ども時代でしたか？

「子どものころはきょうだいでよく遊びました。近所じゅうの仲がよくて、親戚も近くにいて、どこへ行っても遊べましたし、泊まってもよかった。いまうちの子どもを連れていくと日本に帰りたくないって隠れちゃうんですよ。パキスタンの学校に入りたいって」

お父さんはどんなふうに育ててくれましたか？

「私は25歳までパキスタンにいましたけど、父に怒られたのは2回くらいですね。厳しい人でしたが、母が父を尊敬するような雰囲気をつくってくれていましたから。父も家庭内で子どもたちが母を尊敬するような雰囲気をつくっていた」

どうして日本に来られたのですか？

「アメリカのバージニアに従姉妹《いとこ》がいたので、そこの大学に行こうかとも考えたんです。でも父が日本は同じアジアで近いし、日本人で近所に長く住んでいるまじめないい方がいたので、日本に対する印象もよかったらしく、ラホールのパンジャーブ大学で数学を勉強してから日本に来て、六本木のレストランでアルバイトをしながら拓殖大学で学びました。１９９１年のことです」

日本に来て予想したのと違いましたか？

「はい。人間が冷たいのでがっかりしました。そこは私の田舎と違う。それから子どもたちのマナーが悪いのにも驚きました。親に対して、先生に対して、近所の人に対して。いまはもう慣れましたが。お年寄りがいても席を譲らないし、親を尊敬していない。昔はそうではなかったのでしょうね。日本の大学を卒業して一般企業に入りましたが、何ヶ月かでやめて起業しました。いまはクレーンやショベルカーといった建設機械を、香港、マレーシア、シンガポールなど20ヶ国に輸出しています。同じパキスタン人がやり方を教え、ルートも紹介してくれました。最初はあまりうまくいかなかった」

いいことをしていればお金を稼ぐのはかまわないのですか?

「お金持ちになるのはかまわない。ただ、それだけ責任は重くなりますね。ザカート（イスラーム五行のひとつ。ほかに信仰告白、礼拝、断食、巡礼がある）といって、最低限度以上の財産を持つ者は、金銭であれば年にその2・5%を喜捨しなければなりません。そのほかサダカという任意の寄付もあります。それはこの世が終わるとき、『最後の審判』でカウントされますから、みんな喜んでします」

話を聞いているあいだにもしょっちゅう携帯が鳴る。ハールーンさんは「失礼します」といって落ち着いて電話に出、日本語・英語・ウルドゥー語などで応対している。大塚モスクの責任者としての仕事に加え、今日はラマダンがいつ始まるのかについての問い合わせが多いらしい。

「今日からか、明日からか、池袋のサンシャイン60にのぼって新月を確認します。代々木のモスク、東京ジャーミイ・トルコ文化センターは都庁、麻布のアラブ・イスラーム学院は東京タワーにのぼって見るでしょう」

ラマダンは断食そのものを指すのではなく、ヒジュラ暦の第9月のこと。これはイスラーム暦ともいい、預言者ムハンマドがメッカからメディナへ移住した年を元年とする太陰暦で、太陽暦と1年で11日ほどずれがある。この1ヶ月は、日の出から日の入りまでは飲食を断ち、日没後に食事をとる。新月は長老が確認することになっているという。話はだんだん宗教のことに移っていった。

私はいちおう仏教徒で、お葬式は仏教でしますし、お墓参りにも行きますが、信仰心があついとはいえません。

「イスラームにもお墓はありますし、お墓の前で祈ります。仏教では亡き人が子孫を守ってくれるんですよね。イスラームは逆で、生きている私たちが死んだ人のために祈る。イスラームには仏教のように生まれ変わるという思想はありません。この世が終わるときに死者たちは復活し、審判があって、いいことをした人は天国に、悪いことをした人は地獄へ行く。『どうぞ天国に行ってくれますように』とお祈りして加勢するのです。お墓参りも自らの死を思い起こすため、現世は永遠ではないことを知るため、審判があることを思い出し、いまいいことをして悪いところをなおすためのものです」

私たちはつい仏像や聖像に手を合わせたりしますが。

「偶像崇拝は禁じられています。神様はアッラーの神しかいません。神は形をもっていますが、見ることはできません。神と自分とのあいだに何も介在させてはいけないのです。日本でお坊さんに『ブッダは神様か』と聞いたら、『いや、ブッダはすばらしい人間だった。でもガンダーラの人たちが尊敬しすぎて神格化してしまった、パキスタンの人たちが悪いんだ』と笑っていました。ガンダーラはいまのパキスタンにありましたから。イスラームを創始したムハンマドも神ではなく、預言者です。いくら預言者がすばらしいからといって神格化してはいけない。日本では近代の人まで神様にしてしまっていますね。乃木神社とか、東郷神社とか。そういうことはイスラームではありえません」

アッラーの神は祈ったことは必ずかなえてくれますか？

「私の場合、祈ることでかなりのことをかなえてもらいました。神様は未来のこともご存知ですから、一見かなわないように見えても、何年後か、あるいは最終的にはそのときかなわなかったほうがよかったと思うでしょう。神はすべてをお見通しです」

イスラームにおける時間の概念はどうなっているのですか？

「神がこの世界をつくったとき、魂もつくりました。だから魂は人間としてこの世に出てくるのを待っています。これが第1の世界。第2はお母さんのおなかのなかにいる世界。赤ちゃんは3〜4ヶ月になると肉体に魂が宿り、ときどきくしゃみをしたり、笑ったりもする。第3の世界はこの現世です。海もあり山もあり、光が差し、水がある。そこで生きていくのですが、それはほんの一瞬です。池袋のモスクの前に90歳のお婆さんが住んでいましたが、『人生なんて本当に一瞬のような気がする』といっていました。

第4の世界、これは死んでお墓に入ってから審判までです。そして第5、この世の終わりがきます。そのときみんなお墓から出て、最後の審判を受けます。審判ではこの世で何をしたか、神様にもらった健康を大事にしたか、なども当然聞かれます。そしていいことをした人は天国に、そうでない人は地獄に行きます」

その辺は同じ一神教のキリスト教とも似ているのですね。

「そうですね。預言者モーセが『神を見たい』といった。それで神は『私を見ることはできないが、シナイ山に来れば光を見ることができるだろう』と答えますね。あの旧約聖書の『出エジプト記』の故事はイスラームにもあります。モーセはイスラームではムーサーといって、私の名前ハールーンはその兄の名です」

キリスト教のアロンですね。この世がいつ終わるかはわかるのでしょうか?

「わからないけれどもその目印はあります。コーランに書いてあることが当たりはじめたという気がします。イスラームは宗教ではなく、生き方なのです。いいことしましょう、悪いことやめましょう、ということです」

悪いこととはなんでしょう。

「争いごと、ねたみや悪口。お酒は少しなら体にいいかもしれませんが、だいたい理性を失わせます。煙草も体に害があります。豚を食べることも禁じられています。でも鶏や牛は定められた手順で調理されたハラール（許されたもの）であれば食べていいのです。大塚モスクでは食品や化粧品などのハラール認証も行っています」

ハールーンさんは学生時代から貧しい子どもたちを支援していた。1991年に日本に来たとき、代々木のモスクは建て替え中で、モスクは神戸にしかなかった。池袋のビルに部屋を借り、礼拝所にしていた。やがて小さくても自分たちの拠点となるモスクをつくろうと、みんなで寄付を集め、1999年、大塚に元は印刷所だったいまの4階建てビルを購入。2000年、アフガニスタンで干ばつが起こり、食べ物がない、着るものがない、ということで支援を始めた。ところが、ニューヨークでの9・11のテロ以降は、近所の人からも「武器はどこに隠してあるの」と聞かれるような状態だった。いまでは地域にとけこみ、被災地に届けるおにぎりを握るのも商店会の奥さんたちが手伝ってくれるようになった。地域のお祭りにはカレーなどの屋台を出し、ふだんから近所の子どもたちも遊びにくる。現在都内にモスクは十数ヶ所、全国には80ヶ所ほどある。

ハールーンさんには花子さんという日本人の妻がおり、4人の子どもがいる。電話の合間に花子さんに聞いた。

「私にはファーティマというイスラームの名前がありますが、これは自分で選びました。ムハンマドの娘の名前で、よくある女性名です。生き方を探してアメリカに留学したり、仏教やキリスト教も学んだのですが、いまひとつぴったりこなかった。それで文化人類学的な興味からイスラームに近づき、これだと納得して自分から入信しました。親には入信してから打ち明けましたが、一時的な興味だと思ったらしいです。彼に会ったのはその4年後で、ある人の紹介でした」

生活のうえでのギャップはないですか？

「ふたりがしっかりした信仰をもっていれば大丈夫です。女性は外で顔と手以外を出してはいけないので、ヒジャブというスカーフで覆っていますが、家では普通の恰好をしていますし、食事は近くのスーパーで材料を揃えた簡単なものです。入信以前はけっこうお酒を飲みましたが、いまはぜんぜん。パキスタンの民族衣装シャルワール・カミーズは都内で売っているお店があるんです。パキスタンで買うこともあります。家では日本語とウルドゥー語を話し、子どもたちも両方わかります。学校の給食などは栄養士さんと月に一度相談して、おかずによっては別の鍋でつくってくださっています。うちから持っていくときもありますね」

電話を終えたハールーンさんがふたたび話に加わった。

ハールーンさんのほうのご両親は国際結婚についてどうでしたか？

「最初は心配したみたいですね。文化の違いとか。ただ、ふたりの考え方の基本が同じですから。初めて私の故郷ラホールに連れていったら、両親はすっかり彼女のことを好きになって、喜んでいました」

イスラームでは女性は家のことを司るのですか？

「医師や看護師やスチュワーデスなど外で働いている人もけっこういます。でも家をちゃんとすることと子どもの教育は大事なことだと思います。いまうちは小さな子どもが4人もいるのでお母さんの役割は大切です」

日本に来られて尊敬すべき日本人に会いましたか？

そう聞くとハールーンさんはじっと長く考えて、「うちの奥さん」とゆっくり述べた。なんだかあたたかい、やわらかい空気に包まれているふたりだ。あとは、ラマダンの話で盛り上がった。

「ラマダンというのは生き方のトレーニングなのです。我慢することを覚える。目のラマダン、悪いものを見ない。口のラマダン、悪いことをいわない。耳のラマダン、悪い噂を聞かない。足のラマダン、悪いところへは行かない。手のラマダン、悪いものをさわらない。ラマダンは信仰さえあれば楽しいですね。1ヶ月実践すれば影響が残ります。1年して影響が薄くなったころ、またラマダンがめぐってきます」

直接聞いて、イスラームの考え方が少しずつわかってきた感じである。それからというもの「いいことしましょう、悪いことやめましょう」というハールーンさんの声が耳元でずうっと響いている。

＊＊＊

その後の大塚モスク——モスクを訪ねるたび、ここはムスリムの人たちの人生に寄り添う場所だと思う。経済的に厳しくて、数日モスクに寝泊まりしている人がいる。日本での暮らしに困った人のための相談窓口であり、子どもたちが聖典コーランを学ぶ場であり、英会話や日本語の教室もある。月に何回か結婚式があり、信者が亡くなるとここで体を清め、礼拝をする。ムスリムは土葬のため茨城県常総市に専用の墓地を確保している。こうしたときに手伝うことによって、「いいことをした」ことが積み上がるから、みんなボランティアで手を貸し合う。ハールーンさんも本業はあくまで建設機械の輸出業、モスクの運営はボランティアだ。

2017年の春には小学校低学年のための「インターナショナル・イスラミア・スクール」を大塚モスクの近くに開設した。開校したばかりの小さな学校には、バングラデシュやパキスタン、インド、日本の子どもたちが7人。授業はケンブリッジ大学出版局の教科書を使って、英語で行う。日本語やアラビア語も教える。校長先生はシリア人だという。

もちろん大塚モスクは近くの公園でのホームレスへの炊き出しなど、ムスリム以外への支援活動をいまも続けている。

イラン

サダットレザイ・モハマッドアリさん

レストラン店主

2012年9月

2001年、9・11のニューヨークのテロ事件のあと、私は「町のなかのイスラームの人々が暮らしにくいのじゃないか」と思い、雑誌『谷中・根津・千駄木』（2001年冬号）で、小特集「谷根千のイスラム世界」を組んだ。大特集のほうは折しも社会面を賑わせていたBSE（牛海綿状脳症）に合わせて「今夜はスキヤキ」と題し、日本の牛肉食の歴史をたどり、町のお肉屋さんに現況を聞いた。「お肉屋さんは風評被害で大変なのじゃないか」と思ったからだ。

困っている隣人を見捨てないのが、私たちの雑誌の方針であった。

このとき取材したのが、荒川区西日暮里の「レストラン・ザクロ」、店長のサダットレザイ・モハマッドアリさんはイラン人だ。ひさしぶりに訪ねた。

「ハーイ、ごぶさた。元気ですか？」

と、アリさんは相変わらず軽やか。目の大きい、元気な彼の話術に惹かれてくる客が多い。名刺には「トルコ・イラン・ウズベキスタン料理」とある。靴を脱いで、広い絨毯の上に招じ入れられると、なぜか突然スプーンを渡された。

「食べて食べて、これ本当の蜂蜜。昔、お父さんだけしか食べられなかった。食品棚のいちばん上に載ってた特別のヤツ、蜂の巣付きだよ」

蜂の巣が独特の食感で濃厚な味である。

アリさん、どこで生まれたの？

「イランとソ連の国境近く。1966年生まれ。お母さんが予定日より早く陣痛を起こして、ソ連の病院に運ばれた。お父さんが綿や麦を買いつける政府関係の仕事をそこでしてたんだ。ぼくは7人きょうだいの2番目で長男です」

どんなお父さんだったんですか？

「1979年のイラン革命で王政（パフラヴィー朝）が倒れたころは、それまでと反対側が政権をとったから父もつかまったり、仕事を失ったり大変だった。いろいろあって、魚の買いつけをする会社のトップから2番目になったこともある。お父さんの最後の仕事は軍が物資を外貨で購入する組織のトップだった。いくらでも裏金をつくることはできたけど、それをしなかった。そんなところは好きだった」

お母さんはどんな方なの?

「うちの両親は180度違う出自。父方の祖父はイスラーム教のモッラーという導師で、イラン革命の指導者であるホメイニさんの目や耳となった人。だからか、お父さんの家族はインテリが多くてホメイニさんの侍医とか、phD（博士号）を持ってる人とか、国会議員や大臣もいる。ハーバード大学を卒業して、国に帰って大学教授になったおじさんもいた。別のおじさんは革命の前、王様の弟と組んで会社を興した。金を出すのはおじさんだけど、株の51%は王様の弟が持ってた。そのおかげでなんでも独占的に仕事ができたんだ。革命でパーになったけど。

一方、母方の親戚に大学を出ている人はいなかった。でも商売の好きなタフな人たちで、バザール（市場）のなかにお店や不動産を持ってた。日本でいえば銀座のような一等地に。父方は母方の親戚を、なに、このレベルの低い人たち、なに、この洋服の着方と思っていたし、母方は父方を、なに、この男らしくない、鼻持ちならない人たちと見てたから、結局、両親は結婚式を2回に分けて挙げたりした。父も母も、いまはおじいさんおばあさんになって、ラブラブだよ。ただし夫婦喧嘩のない人生が幸せだとはかぎらない」

相変わらず話が面白いわねえ。アリさんは普通の小学校に通ったの？

「そう、公立の小学校。ぜんぜん勉強しないのに、いい点をとって母はびっくりしてた。でも12歳のときに1回、学校やめたんだ。母方の従兄弟《いとこ》が商売をやって儲けてたから、ぼくも学校に行くのがばかばかしくなった。学校を出てただのサラリーマンになるのはいやだなあって。当時のイランではみんなそう思ってた。向こうではサラリーマンは貧乏で、テレビ修理のお兄さんは金持ち、そこが日本とは違う。

ぼくは15歳でもう焼きものの会社の社長になってた。子どもがつくって売るというのでよく売れたんだ。長男のぼくは父親に反発していて、父はすべてを国に賭けたけど、家族9人も守れない、と思ってた。動かしてるお金は大きくても家は貧乏。いまになってかわいそうだったと思う。父は自分より収入の多いぼくに焼きもちを焼いてたのかもしれないな。お父さんの威厳も失わせた。だってうちの弟たちは父よりぼくに、『お兄ちゃん、これ買って』とねだっていたからね。

いまぼくがそういう目に遭ってる。子どもがひとりで、おじいちゃんおばあちゃんがなんでも買ってくれるからぼくの立場がない。自然の摂理かな」

日本の子どもと違って、アリさんは社会に出るのが早かったんだね。

「そう、未来の目標はお金じゃなくて、仕事だと思ってた。中国かどこかのことわざで、『人を助けようと思ったら魚をあげるより魚の釣り方を教えよ』というのがあるじゃない？　魚は食べたら終わりだけど、釣り方を覚えれば一生食べていける。15のとき、ぼくの相談にのるために、わざわざ医者のおじさんがストックホルムから帰国してくれた。そのときカボチャの種をひと粒ずつ食べながら、朝まで議論したんだ。おじさんはいった。『男なら何になってもいいけど、びりの医者になるより、ゴミ屋のトップになれ』って。町には医者も必要だが、ゴミを片づける人も必要だ。どんな仕事であれ1番を目指せってね。

そのためには学校に戻らないとと思って、次の日に登校すると、先生はいった。『何時だと思ってる？　もう授業は始まってるぞ、教室まで走っていけ』」

学校と並行して仕事も続けた。勉強も負けなかった。アリさんは本格的に焼きものを学びたかったが、大学の定員はたった30人。最初、水産学部に入り、合わずにやめて軍隊に行った。大学には100人にひとりしか入れない時代だった。そして3ヶ月後にテヘラン大学の陶芸を学ぶ学部に入りなおした。すでにモスクのタイルをつくる会社を経営していたから、ヘルメットをかぶり、汚い恰好でバイクに乗って通った。

「いまぼくの子どもは16歳で、日本の学校の同級生はおじいさんでも戦争に行ってない。だけどうちの子はお父さん、つまりぼくが戦争に行ってる。われわれの時代の徴兵は合計で2年6ヶ月。軍隊には4回行った。17歳のときに志願して3ヶ月行って、ピストルの撃ち方を覚えた。2回目が大学の試験を受けたあと、3回目は大学が終わってから。イラン・イラク戦争のさなか、ぼくは18歳になった。

4回目は1988年かな。訓練のあと、くじ引きで任地が決められた。焼きものを勉強してたから、土を見ればどこに地雷があるかわかるだろうって、敵の地雷の撤去と地雷をしかけるのと両方やって、危なかったよお。戦争が終わってからも地雷を片づけるのでずいぶん死んでる。ある日、町のモスクの屋根のタイルがないのに気づいて、『ぼく、できるよ』といったら、『戦う人はたくさんいるから、あなたは屋根のタイルを貼って』といわれたんだ。焼きものが命を助けてくれた」

イラン・イラク戦争は1980年から88年、ホメイニとサダム・フセインの戦いで、両国の死者は100万ともいわれる。

いまは隣りの国イラクをどう思っていますか?

「あのときは戦争だったから仕方ない。でも戦争は終わって、いまは平和だ。同じイスラーム教徒だもの。今度のことなんかがあると、一緒にアメリカに立ち向かおうという気になる」

ちょうど預言者ムハンマドを冒涜《ぼうとく》した、アメリカ映画『イノセンス・オブ・ムスリムズ』(2012年)が物議をかもし、イスラーム圏各地で抗議デモや暴動に発展していた。

「いまは行き来自由だし、ビジネスチャンスもある。それにぼくはいつかイラクのカルバラーという町にあるイマーム・フサイン(シーア派第3代イマーム)のお墓参りにいきたい。この人はムハンマドの孫に当たり、ヒジュラ暦61(西暦680)年のカルバラーの戦いで、たった72人で

1万人のウマイヤ朝の軍を相手に戦って倒れた殉教者なんです。正義を曲げなかった。『頭を下げて生きるより、胸を張って死ぬ』ということを教えてくれた人です。

イラン・イラク戦争のころはね、ガスを使うシャンデリアを売ってずいぶん儲けた。イラクの空襲があると停電になるからね。売れる売れる。でも戦争が終わると売れなくなって倒産。もう会社はやめてどこでもいい、焼きものの展示会のあるところに行って作品を売ろうと。それが東京だったんだ。1994年、27歳のときかな」

「ママ、ぼくが日本に来たのはいつ？」と日本人の奥さんに話しかけながら、アリさんは財布のなかの外国人登録証明書を探した。

「やばい、自分の来日した年を忘れるなんて。1993年4月だ」

日本の第一印象は？

「がーっかりした。みんなちょんまげで着物着てるかと思ってたのに。洋服着て変わんないじゃん。展示会で大きなティーポットが売れるんじゃないか、と思って出品したら、来る日本人みんな『ハッデナイロデスネエ』という。これって『こんにちは』という日本語かと思って、ぼくも来る人ごとに『ハッデナイロデスネエ』をやってたの。もう日本で焼きものを売るのはだめだと思った。次は市役所の人に英語を教えた。そこでママにつかまって日本語を教えられちゃった（笑）。『ザクロ』を開いたのが1998年かな。そのころザクロがコレステロールを下げるからって、日本ですっごいブームだったからこの名前にして、看板もつくったら、開店のころにはブームはすっかり終わってた。日本人って飽きるの早いなあって。

はじめは1ヶ月で16万の赤字だった。でもそのときから谷中の皆さんにはお世話になってる。あやしい、と思わずになんだろ、と興味をもって来てくれたし、メニューを書いたり、料理の写真を撮ったりしてくれたのも近所の人。お寺のお坊さんもよく来る。電車に乗って来てくれた人には必ず満足して帰ってもらいたい。それが責任じゃない。『私のために熱を出す人のためなら死んでもいい』ってイランではいう。このつまんない男が熱を出してサービスしてたら、いつの間にか名物店長ってことになった（笑）」

妻の薫さんは栃木の足利出身、子育て中は家庭を守ったが子どもも大きくなり、いまはお店の財務大臣というところ。

日本に来てからもモスクに行ってお祈りしますか？

「うーん。あんまり。時代によって場所によって人によって、イスラームもいろいろです。日本だっていろんな恰好をしてる人がいるでしょ。同じだよ。たとえばパキスタンの人は戒律を厳しく守る。イランでは厳しくなったりゆるくなったり。女性の髪を隠すチャドルは近代化を進める王様が1936年に禁止したけど、革命のあと、1980年にはまた義務になった。

イランでは99％がイスラーム教徒、シーア派だよ。ぼくは人生でお酒を飲んだことがない。でも日本に住んでる弟の冷蔵庫にはビールが入ってる。いま金曜日の集団礼拝に行く暇がない。

だけど、イスラームの教えはぼくのなかで生きてる。イマーム・フサインの『頭を下げて生きるより、胸を張って死ぬ』というのはいまも行動原則だね。間違ったこと、悪いことを認めちゃいけない。

日本では女性が痴漢に遭っていても見て見ぬふりをする。もしイランで誰かがそんな目に遭っていて、何もしてあげなかったら、なんて男らしくないヤツと思われちゃう。その点はイランのほうが日本より安全。ぼくも一度、深夜の練馬区中村橋の駅で女性の胸をさわった酔っ払いをつかまえたんだ。なのにほかの日本人たちは何も起きてないかのように歩いてる。女性は泣きながらぼくに感謝してくれた。でもぼくは警察に連れていかれて、『今回はこの女性がこういってるから許すけど、これからは警察の仕事に手を出すな』とおどされた」

それはひどい目に遭ったね。日本では「いじめ」も見て見ぬふりというけれど。

「みんなに関係させる、ということが大切だね。イスラームでは『人をいじめる人は地獄に行く、いじめられて戦わない人も地獄に行く。さらに、いじめられているのを見て反応しない人も地獄に行く』といわれてる。自分の国の子どももはみんなの子ども、お母さんはみんなのお母さん、大事にしないといけない。

イランと日本が万が一戦ったら、どうかな、イランのほうにつくかな。ま、そんなことありえないけど。でもイラン以外の国と日本が戦ったら、ぼくは絶対、日本の側につく。私の奥さんは日本人、私の子どもも日本人。守らなければいけない。

イラン革命が起こったのもそうだった。そのころアメリカ人がイランで殺人事件を起こしたらアメリカで裁判になる、イランが裁くことはできなくなった。それを王様は認めてしまった。それに国民が反発して革命に発展した」

治外法権ですね。沖縄米軍の兵士の犯罪も「日米地位協定」で日本できちんと裁けません。子どもをひき逃げした兵隊なんて、うやむやのうちに本国へ逃がしちゃう。

「そう、それそれ。あとアメリカが広島や長崎に原爆を落としたこと、イラン人なら3000年忘れない。沖縄で小学生の女の子がアメリカの兵士に強姦された事件、あったでしょ。イランならアメリカ人に報復するのが当たり前。でも日本人は何もしない。アメリカに頭を下げたら、ヤクザにも頭を下げるようになる。いったん頭を下げるとどこまでもつけこまれる。それでイラン人はパフラヴィーの王制を倒した。王様も王妃も財産を持って逃げて、どこかで優雅に暮らしてた。でも悪いことは続かない。息子も娘も自殺した」

イランという国をひと言でいうと?

「昔はペルシアといいました。ペルシア絨毯は知ってるでしょ。アケメネス朝ペルシア（紀元前550〜330年）はもうどこまでも広がっていた。いまの数倍。あのころ国境なんて概念はない。ここまでオレの土地といったもん勝ち。

昔、マウラーナー（ルーミー、13世紀ペルシア文学最大の神秘主義詩人）というすばらしい詩人がいた。アフガニスタンの人はアフガニスタン人だという。生まれた土地バルフはいまはアフガニスタンだけど、かつてはペルシアの一部だった。詩はペルシア語で書かれている。でもお墓のあるのはトルコのコンヤ、トルコの人は彼をトルコ人だという。みんな昔はペルシアだった。ペルシア人は世界で初めて小麦をつくった。ナンを焼いた。銅を精錬した。1999年に亡くなったトルコのバルシュ・マンチョという詩人が、『世界は私の国です、私には国境がない』と歌ったけど、そういう日がくるかもしれない。彼はコンサートの収益をみんな貧しい子どもにあげていた」

逆に日本で感心することはありますか？

「とにかくとっても丁寧。こんなに丁寧な国はない。それと嘘をつかない。イスラームには嘘をついてはいけないという戒律があるけど、日本人より嘘をつく人は多いかも。日本に来て親切にしてもらったことはあっても、だまされたことはない。泥棒も少ないし。いいね」

なにか生活上困ることは？

「3・11の震災のあと、ペットボトルの水を買うのにコンビニに並んでるのにはビビった。それよりコンビニで24時間、薬を売ればいいのにな。イランでは夜に頭が痛かったり、おなかを壊したときのために町に深夜営業の薬屋がある。日本にはないからひと晩じゅう苦しんで、翌日近くの病院に行くと、待っているあいだに治っちゃう。24時間、結婚届も離婚届も出せるのに、頭痛の薬は買えない。でもねえ、ぼく、人間はきれいな水みたいなものだと思う。とどまると淀む。なのにぼくが19年日本にいるのは、ここはきっと住みいいところだからなんだよ」

子育ての際に気をつけたことはありますか?

「痛いところにさわらないで(笑)。店をやっていくのに夢中で、子どもは奥さんまかせ。悪いことしたなと思ってる。

『アリさんは4人まで妻を持てるんですか』と聞くのはやめてね。イスラームでそんな財力のある、面倒くさいことする人はなかなかいません。逆に日本人の男で、この店に違う女の子を40人、とっかえひっかえ連れてきた人もいるよ」

前に会ったとき、日本みたいに肌もおへそも丸出しだと、男はファンタジーを感じられなくなる、といってましたよね。

「そう。イランでは女性の足がほんの2センチ見えたらドキドキする。でも日本の男はこれだけ出勤・帰宅途中に若い女性に刺激されたら、家に帰ったころにはげんなりするよ。だから人口が減って当然。結婚してお嫁さんのベールを初めて自分の手で脱がせる。自分だけしか見られない、さわれないというので興奮するんだ。もし年をとって妻に皺《しわ》があっても自分だけのいとしい人。本気で好きだから焼きもちも焼く。日本の男性は目移りばかり、日本の女性は大事にされていない」

ああ、本当だねえ。いわれちゃった。

「ゴメンナサイ。でも私の知ってるイランはもうイランじゃない。この前、11年ぶりにイランに帰ったの。ここ、イラン?って思った。寂しかった。昔ながらの家はビルになって、バイパスもできて、世界のポルシェの半分はイランを走ってる」

だんだん店が混んできた。イラン人やフランス人もいる。水煙草を吸う人も。夜は飲み放題付き3000円のコースが人気、「食べきれない」とメニューでは豪語する。その場合は持ち帰り用の弁当箱付き。私たちの前にも紅茶、ザクロジュース、デーツ（ナツメヤシの実）、クッキー、イランのポテトサラダ（サーラーデ・オリビエ）、トマトとキュウリの酸っぱいサラダ（サー

上：かつてのテヘランのイマーム・ホメイニ広場　下：テヘラン北部の町並み（2012年）
creative commons by ninara

ラーデ・シラーズィ）、特別にラクダ肉の煮込み、シシケバブ、トルコの茄子の肉詰め（カルヌヤルク）、ナンにライスが並んだ。ラクダを食べたのは人生で初めて。おいしいよ。「初めて彼氏をアパートに招いて肉じゃがをつくるとき、何回、味見する？　ぼく、毎日そのくらいはやってるよ」

インタビューのあいだ冗談はいわなかったアリさんは、客が入ってくると店を歩きまわり、お客さんに「さあ、かかってこい」「空気を読め！」「あやしいお兄さん、食べたらさっさと帰ってちょうだい！」「お嬢さん、今度イケメンに生まれ変わったらナンパするよ！」ときつい冗談をかます。

何をいわれても客はニコニコ嬉しがっている。それは悪気のない、アリさんのあたたかさが伝わっているから。

それにしてもよく働くねえ。

「うちの母方のおじいさん、羊飼いで自分の年を忘れてた。何千匹も羊を飼ってた。それでも10代のぼくらが山を一緒に歩くと、『おじいさん待って』というくらい足が早かった。80歳くらいだったけど見た目は50。あるとき仕事をやめた。1ヶ月後、見た目は80になってた。そして1ヶ月後に死んだ。だからぼくは死ぬまで働くよ」

さて7時半、「8時からベリーダンスが始まるよ。それまでいてよ」と誘われたが、3時からアリさんの話に揺さぶられて、もうへとへと。ここに書けなかった逸話がたくさんある。「お代はいいから」と手を振るアリさんにそれでも払おうとすると、「お金もらえる、嬉しいな」とピョコリお辞儀して、大負けに負けてくれた。

アリさんの話は『千夜一夜』のように続くのだろう。

＊＊＊

その後のアリさん――ランチ（食べ放題コースが1000円）と夕食のあいだのカフェタイム。

©Zakuro

レストラン・ザクロ
荒川区西日暮里3-13-2　谷中スタジオ 1F
11:00-23:00
http://nippori-zakuro.com/

ZAKURO らんぷ家
荒川区西日暮里3-15-5
ワークショップは要予約
http://zakuro-lampya.com/

水煙草の器具を仕入れにきたという業者や、天井中に吊られた色とりどりのトルコのモザイクランプを選ぶ女性たち、水煙草をゆっくり楽しむ客で店は大賑わい。

「みんな私のこと、時間貧乏っていうよ」とアリさんも大忙し。それもそのはず、年に何回かトルコやイランからコンテナで買いつける絨毯や食品、雑貨販売も手がけるザクロは、谷中銀座に新しくモザイクランプ専門店「ZAKURO らんぷ家」をオープン。アリさんの娘さんが店長をつとめ、オリジナルのランプをつくるワークショップは若い女性から大人気。ここで研修を受けた人が台湾や関西など各地で代理店を開いている。

日暮里の名物店はアリさんの陽気なパワーで拡大中だ。

イラン

エスマイリ・サミルさん

絨毯店店主

浅草はいつ来ても楽しい町だ。たくさん人がいて、おいしい食べ物屋があって、人力車が走り、スカイツリーや川が見える。東武浅草駅の脇の馬道通りを北上すると、浅草寺の二天門の手前に、店先のワゴンにクッションカバーや小型のラグの並んだ1軒の店がある。そこが今日訪ねる「ライオンラグス」。次はペルシア絨毯《じゅうたん》のことを聞きたい。青山あたりにも店があったが、浅草というのがいいなと感じたのである。

2013年1月。お母さまと

店名の「ラグス」は敷き物の英語（ラグ）の複数形。背の高い男性に挨拶すると、「ちょっと待っててね、車を入れてくるから」という。この人がオーナーのエスマイリ・サミルさん、エスマイリが姓で、サミルが名前。奥にいた小柄できれいな赤いジャケットの女性がシャハリ・パルヴィンさん、おふたりはご夫婦かと思ったら、母子なのだそうだ。

お母さんのパルヴィンさんの話。

「シャハリは私の生まれた家の名です。日本に来たのは1984年。私は1960年生まれ、15歳で結婚して、16歳で男の子を、21歳でこの子を産みました。夫のエスマイリ・ナセルは1947年生まれ、少し年の差があるね。結婚は親戚のおじさんが決めました」

お幸せですね、こんな立派な息子さんをもって、というと、「いいえ、大変なこともありました。日本に来た最初のころ、言葉ができないのに、この子はぜんそく気味だったし、上の子も大病したし。いまは孫に会うのが幸せ、4人います。ひとりおなかにいます」と微笑んだ。息子さんふたりとも日本人女性と結婚して子孫繁栄中。「いい男は早くつかまるんだよ」とサミルさんが茶々を入れた。

ここでサミルさんが、「母はあまり日本語ができないから私に聞いてください」と助け舟。

「うちはテヘランのバザールで130年間、4代続く絨毯屋なんです。母方の祖父シャハリ・ジャリルも、イランで5本の指に入る絨毯屋さん。父の家も母の家も親戚中が絨毯屋。父は

1970年代から絨毯の輸出に携わり、縁あって日本に来ました。イランの鑑定士の資格も持っていて、おそらく日本でいちばんペルシア絨毯に詳しい。川崎に事務所と倉庫があって、卸《おろし》の仕事がほとんどですが、ここはぼくがオーナーで唯一の自前の店舗です。

昔、日本には数万人イラン人がいましたが、どんどん減って、いまはたぶん5000人くらい。来ても仕事がないし、ビザが必要になりましたからね」

一時、上野の山のところにいっぱいイランの人がいましたね。黒いジャンパーを着て。

「イラン・イラク戦争のあとにどっと逃げてきた人でしょう。なかには仕事がなくて悪いことをする人もいましたが、残ってる人にはいませんね。いまは貿易をやっている人が多いかな？　面白いのは解体屋にイラン人がオーナーのところが多いんです。在日イラン人のうち100人くらい絨毯屋がいるはずだけど、みんなこちらへ来てからお金を貯めて始めた人ばかり。代々の絨毯屋はうちくらいでしょう」

お父さんが展示会で日本の皇太子を案内している写真が飾ってある。ダルビッシュ投手の一家もお友だちだそうだ。

「お父さんはもう年寄りだから商売にあまり関わっていない。息子たちがいるからね。イランでは親の家業を継ぐ人がほとんどです」

サミルさんはつい先日、イランでの買いつけから帰ったばかりだ。

何枚くらい買ってきたんですか？

「何枚といわれてもわからないな。いくらといわれたらピンときます。億ですね。年に3〜4回は行って、2週間くらい滞在する。奥さんを連れて1ヶ月くらい、のんびりしたいけど、なかなかね。イランの治安はそう悪くないですよ。少なくとも人質をとったり、爆弾を投げたりはしない。イラン人のテロリストって聞いたことないでしょう？　いまはちょっと貧しくなっているぶん、掏摸《すり》くらいはいる。だけどそれは、パリもローマも同じ。

テヘランでは絨毯の値段が倍くらいになるから、田舎をまわって買いつけるんです。自分で運転して、国境沿いの危ないところへも行く。産地は何十とあって、一度にぜんぶ回ることはできないけど、自分の目で確かめなくちゃ。美しいものを見るのが好きだから、仕事はいつも楽しいですね。それに店に絨毯を買いにくるお客さんは富裕層ばかりでなく、絨毯が好きで、夢をもって働いている人が多いですよ。だから話も面白い」

現在のイランはイラン・イスラーム共和国といって国土は日本のおよそ4倍、人口は7900万人くらい。テヘランへは直行便はなく、ドバイやカタールで乗り換えていくという。

サミルさんはいつから日本にいるのですか？

「ぼくは3歳くらいで日本に来ました。目黒の不動前の公立小学校に通いましたが、クラスで外国人はぼくひとり。もてましたよ（笑）。ペルシア語が話せなくなるからと、途中からはイラン人学校に移りました。南麻布にあるイラン大使館のなかにあって、ほかの勉強は日本と変わらないけど、コーランとペルシア語の授業がある。

アラビア語もコーランを読むために勉強したけど、文字は読めてもしゃべれない。難しいんです。成績？　いつも1番か2番だった。だって同級生は2～3人(笑)。小・中学校合わせて50人くらいしかいませんでした。

正直、勉強は好きではなかった、ビジネスのほうが好きです。だから買いつけにいく父の手伝いをしてお小遣いをもらったりしながら、仕事を覚えていきました。いまは仕事でドイツにも行きます。ドイツ人は絨毯が好きですね」

日本は家が狭いから、小さなものしか売れないでしょう、と水を向けると、「日本の方はいいものが好きですよ」とフォローしてくれた。

イランの文化は日本の暮らしに生きていますか？

「仕事で忙しいからね、モスクに行く時間はあまりない。その時間があれば仕事しろといわれちゃう。神様はぼくたちを食べさせてくれるわけじゃないからね。イスラーム教徒だからといって特別なことはないですよ。キリスト教でも仏教でも宗教のいうことはだいたい同じじゃないですか。悪いことはするな、嘘をつくな、人を助けろ。まあ豚肉は食べないかな。家でもイラン料理を食べますね。東京においしいイラン料理の店は少ないから。外国で行く寿司屋がうまくないように」

そばから母のパルヴィンさんが、「私がお嫁さんに料理を教えました。でもいまは私より上手」と嬉しそうな顔。

目下、幼稚園の息子をインターナショナルスクールに入れるかどうか考え中、という。「頭のいい子はどこに行っても頭がいい。だめな子はいい学校に入れてもだめ、別に勉強ができなくてもこの商売はできる。男の子ふたりだから、ひとりくらいは絨毯屋になるといいね」

日本についてはどんな感情をもっていますか？

「もちろん、いい感情をもっているよ。いやな人に会ったことはないもの。なんてきちんとした、丁寧な人たちだと思うけど、ちょっと丁寧すぎるかな。あと、よくあやまりますね。あやまらなくていいときに。全体として緊張感がありすぎる。もっといいかげんにすれば楽なのに」

いま日本人は自信をなくしていますからね。家電メーカーもだめだし、車も売れないし、地震は起きるし、原発は爆発するし。

「どうして？　こんなに豊かなのに。イラン人はいってる、オレたちが日本人くらい力があれば世界中をいじめちゃうよって(笑)。イランなんかあんなに経済制裁されても、めげないで自信たっぷり。あの姿勢だけは子どもにも教えたいですね。

それと日本人は欲が少ないねえ。エコとかいって、車も買わない、服も買わない。うちのおばあちゃんが、ひさしぶりに来日したら、『日本人どうしちゃったの。前のほうがいい服を着てた』とびっくりしてました。経済大国なんだからもっと堂々といい暮らしをしてください。欲望をもつのはいいことだよ。まあ、ぼくもシャツはユニクロだけどね。

中近東の人間はカネカネカネだよ。できれば働かないで金がほしい、虫がいいね。ほとんど税金もないから、成功したら何代も食っていけるし、いい生活ができる。日本の税金は細かすぎて大変。自分が働いて得た金を何に使ったか、500円の単位まで聞いてくる。でもね、日本は税金をたくさんとられるから、そのぶん道路も整っているし、水道からはきれいな水が出るのかもね」

あーあ、30歳そこそこでサミルさんみたいな、貫禄のある、強そうな男は日本にいないと思うわ。

「ペルシア人は自分を神だと思っているからね。自分がいちばん。オレはペルシア人だ、キュロス王（アケメネス朝ペルシアの創立者）の息子だ、アーリア人だ、って子どものころから叩きこまれている。つまり個人主義。中国人みたいにチャイナタウンにかたまって住んだりしない。イラン人がオリンピックの団体競技で勝ったことはないでしょう？ それに、絶対知らないといわない。ノーということもない。テヘランの店で『タブリーズの絨毯ありますか』と聞いたら、なくても『ある』といいますよ。日本人と真逆。だますつもりじゃない。ついつい相手しちゃうだけなんだ。根はまじめだから、会社に入っても成功する人が多い」

昔、サーサーン朝ペルシア（226〜651年）といったころ、いまのアルメニアやアフガニスタンさえも領土のうちだった。正倉院の御物のなかにサーサーン朝ペルシア時代のグラスがある。

「祇園祭の山鉾《やまほこ》にも古くから懸装品としてペルシア絨毯が飾られているし、京都には豊臣秀吉が着たといわれる、ペルシアの織物でつくった着物があるって聞いたことがある」

ペルシア絨毯についてイロハを教えてください。

「ペルシアでは絨毯は金と同じ。糸で織った宝石です。2500年といわれる長い歴史があってロシアのエルミタージュ美術館にもコレクションされていますが、18世紀くらいまでは王室への献上品でした。一般の家庭でこんな絨毯を敷くことはできなかったんです。

絨毯は幅によって1~3人が並んで、何ヶ月もかけて織り上げます。デザイン画は最初に起こすんです。そのデザインに沿って編み目をうしろで読み上げる人もいる。そのチームの織る速さ、糸の結びの強さ、力量が同じでないといい絨毯はできません。編み手は女性が多いかな」

その仕事は報われますか?

「残念なことに、あまり報われない仕事です。若い人はこんなにこみ入って大変な仕事はやりたがらないから、後継者がいなくて、だんだんいい絨毯は少なくなってきている。出回っているのはビジネス用の簡単なものばかり。ぼくが探しているのはコレクションになるような芸術性の高いものなので、そういう絨毯をつくっているところを応援したい。だからいっぱい買う。でもぼくにとっては売れないほうがかえっていいんです。それだけ在庫が高くなるから」

ほら、とひとつの絨毯を広げてくれた。

「かっこいいでしょう。でもまだ新しい。織り機から離れたばかりのものを、この前買ってきたんです」

えんじ色に細かい花の模様が浮かぶ。落ち着いた色合い。

「化学染料ではなく草木染めですから、何年経っても色はあせません。このように一方向に模様があるのを織るのは難しいんです」

私が心ひかれたのがわかったのだろう。「これはまだ若いから、もう少し育ててから売りたい。

上:テヘランの町並み　中:テヘランのバザールの駐車場　下:シラーズでの買いつけの様子(いずれも2013年)©Lion Rugs

いま買っても普通の人に育てることはできないでしょう。買うならこういうのがいいです」と別の、白地に青や紫が入ったのを見せてくれた。これもすばらしい。

「織って60年くらいでしょう。縦糸はシルクです。もっとも、日本人は絹を好みますが、長年踏むには弱い。飾るならいいけど」

壁にかけてあるのをこれいいな、というと、「それは素人の好みだね。ぼくはウールをおすすめします。夏は涼しいし、冬は暖かい」といって、サナンダジという産地の大きな絨毯を広げてみせてくれた。

「クム、ナイン、イスファハン、タブリーズ、カシャンが5大産地として有名ですが、どこも染め方・織り方は秘密で情報を漏らさない。この産地は実にいい仕事をしています。裏を見てください。絨毯は裏がいのち、見ればどのくらいしっかり結んだかがわかる」

長方形がいちばん美しく、6畳に3畳くらいの絨毯を敷くといいという。うーむ、ちょっと家に敷くには派手かなあ。こうなるともっと見てみたい。サミルさんは奥から絨毯を引き出し、包みを解いた。

「これはうちの宝物で、絶対売りません。150年くらい経っています。踏まれて踏まれてここまで落ち着いた色合いとやわらかさになったんです。これを売ったら男として終わり。売らないということは売らずに立派にやっていけて、次の世代に絨毯を渡せたということですから」

中央に白い花の咲く生命の木が描かれ、まわりに鳥たち、しっくりと渋みがかっているのは長年人の足で踏まれたからか。これを織った人はどんな人だろうか？　もちろん生きてはいない。その手のわざのあとがいまこうして眼前にあるということが、不思議に感じられた。

「これは父が手に入れたものです。値をつけるとすると数千万かな。絨毯は世界で唯一の踏めるアートです。絨毯を買って損することはありませんよ。いいものを買えば必ず値が上がり、家の財産となります。2010年にイギリスのクリスティーズで、ドイツのおばあちゃんが売った絨毯が約7億9000万円で落札されたというのが、ニュースになっていました。おばあちゃんはかわいそうに200万円ぐらいで売ったそうです。それでも満足したでしょう。一見ぼろぼろの絨毯でしたが、400年前の、日本なら江戸時代の稀少なものだったんですよ。私は儲けるためというより、日本人に絨毯の魅力を知ってもらいたいんです。この世界に一度ハマると1枚で終わるお客さんはいない。何枚も何十枚も買って、季節や気分で替えている方もいます」

1枚ごとに値がついている。「これも売る気ゼロです」とかいいつつ、いろいろ見せてくれるサミルさんは、買ったときの円換算、運賃などを計算して、「もし買うなら」と定価よりかなり安い値段を提示してくれた。

サミルさん、そんなにたくさん絨毯を集めてどうするんですか？

「子どもが3人もいれば、まだ足りないよ、財産としては(笑)。代々伝わる絨毯を広げると、この上で亡くなった祖父や、父が笑い、語り、食事をしていた、家族の風景が浮かびます。そしてぼくがいまその上にいるんだけど、ぼくが死んだら息子たちが絨毯を使い、またぼくのことを思い出してくれるでしょう。絨毯とはそういうものなのです。いまはみんな安いものばかり、一代かぎり。チープなものを買うと人間もチープになる」

金銀ならつけて逃げられるけど、絨毯は重いから、平和じゃないといけませんね。

「そうです、イラン・イラク戦争でもどれだけ貴重な絨毯が焼けたことでしょう」とサミルさんの表情が曇った。

実際の家に敷いた絨毯の映像が、テーブルの上のモニターに映しだされている。

「これは了解を得て、お客さまの家で撮ったものです。ほら和室に敷いている方もあれば、モダンなマンションにもぴったりでしょう。ペルシア人は足下を見る。どんなに立派な家でも絨毯と靴がひどかったら家具も安物に見えます」

私は亀のようにきたない靴をあわてて引っこめた。

「絨毯はネットで買っちゃだめです。いくつか持っていかせますから、実際に敷いてみたほうがいい。それでいちばん気に入ったのを選んでください。どんどん売れるし新しいものも入りますから、どうぞまた見にきてね」

ここに敷いてあるのがまた、いいですね、というとサミルさんは笑った。

「店に敷いてあるのは必ず売れます。店員が着ている服と同じものが売れるように」

絨毯は直しも発達していて、インクをこぼしたり、煙草の火で焼けこげをつくっても直せるという。表面を削ったりもする。畳同様、絨毯のヘリもたまには交換したほうがいいそうだ。絨毯の修理やクリーニングも川崎の事務所で請け負っていて、そちらはお兄さんが仕切っている。7~8年に一度のメンテナンスが普通だという。

ところで「ライオンラグス」のライオンとは何ですか?

「帝政時代のイランの国旗に描かれていた、ライオンと太陽のモチーフからとりました。ライオンは勇気を表す。つまり、男です。太陽は女性で、太陽がないとライオンは力を発揮できま

上:150年前の絨毯　中・下:ライオンラグス店内

Lion Rugs
台東区花川戸1-15-1　フェスタ花川戸 1F
10:00-19:00(火曜定休)
http://lion-rugs.com/

せん」

どうして浅草に店を出したのでしょう？

「古い町だから、歴史のあるペルシア絨毯にぴったりだと思ったんです。青山あたりに出す人が多いけど、あの辺は家賃が高いぶん、絨毯の値段を上げるしかない。若い人に来てもらいたいからね。ほかで稼げばいいから、ここは趣味の店です」

見ているうちに心が満たされ、イランという遥かな国に惹かれていった。

「いつか、母と一緒にイランへ行くといいよ。まわりが戦争をしていてもイランは平和だし、テヘランはここ数年、マンションとかショッピングモールとか建って東京と変わらないけど。イランは金も石油も天然ガスもとれる。かつて文明が栄え、ルーブル美術館に所蔵されている紀元前18世紀のハンムラビ法典の石碑もイランからフランス人が持っていったもの。観光誘致をしないから知られていないけど、世界3大遺跡といわれるペルセポリスもイランにある。歴史がありますからね。どこかを掘れば遺跡が出てくる。

北へ行けば緑豊かなカスピ海が広がり、テヘラン郊外にはスキーができる山もある。東へ行けば暑い沙漠がある。ぼくは南が好き。空気はきれいだし、平原にぽこんとある山に月がのぼる。そんな景色を見ると、ああ、イランへ帰ってきたな、と胸が熱くなる」

日本育ちの日本語の流暢なサミルさんも、生まれたふるさとを愛する人だ。

＊＊＊

その後のサミルさん——ひさしぶりに訪ねた店には絨毯を何枚か広げて、サミルさんと話しこむ若い日本人男性客の姿。ペルシア絨毯とサミルさんの絨毯愛に惹かれて、自宅用にすでに5枚所有するという。

「こないだの夏イランに帰って買いつけた枚数は過去最高、在庫は3年前の4倍くらいかな。借金は財産だよー」とサミルさん。店のすぐ裏手には新たにショールームもつくった。「前よりペルシア絨毯をコレクションする人が増えて、100枚くらい持ってるお客さんも何人かいる」。仕入れにいくときはお客さんの好みを考えながら選ぶことも。最近はドイツ以外にもアンティークの絨毯を探しにいくという。

ライオンラグスは、販売以外にも映画や広告撮影などにも絨毯を貸し出し、日本でのペルシア絨毯の普及に今日も邁進している。上の息子さんは「絨毯屋さんになる」と断言、将来も万全だ。

ラアス・アル＝ハイマへの旅

アラビア海の真珠

ムスリム（イスラーム教徒）の人たちに話を聞くようになって、イスラーム圏に足を踏み入れたくなってきた。いままでに訪ねた国でもインドネシア、マレーシア、インドなどにはたくさんのムスリムがいた。マレーシアの暑い工場で頭や肌を覆った少女が働いていた風景や、コルカタのモスクを守る兵士の群も忘れがたい光景だ。しかし、まだ中近東には行ったことがない。

2013年3月末、ドバイとウガンダへ行かないかという話があった。不思議な組み合わせでめったにないチャンスと行くことに。とはいえ事前勉強をする暇はなかった。同行者も「行けばどうにかなるから」と気楽なことをいうのである。この人は熊谷秋雄さんといって宮城県石巻市北上町の茅葺《かやぶ》き屋根屋さん、社屋も家も流された被災者であるが、幸い家族・従業員みな無事だった。元気に復興の活動をしているとき、アラブの王族からデーツというナツメヤシの実がたくさん送られてきた。そのお礼をかねて熊谷さんの長女・菜美さん、NPO代表の鷹野秀征さんと4人でドバイに行くことに。このデーツは食物繊維やミネラル、亜鉛、鉄分などを多く含む健康食で、ラマダン中の夜の食事では必ず食べるという。おいしいし、輸入したら売れるんじゃないか、と熊谷さんは震災後のニュービジネスも考えている模様。

乗った飛行機はエミレーツ。アラブ首長国連邦（UAE）の航空会社だ。

成田からの直行便は天井の高い巨大なエアバスで満席に近い。ドバイはヨーロッパやアフリカへ行く乗り換え地にもなっているのだ。客室乗務員は肌色のスーツに赤い帽子をかぶり、そこにベールのような白い布がついている。実に不思議な制服だ。通路の天井が星のようにきらきら光る。機内食にはベジタリアンもあり、チキンはイスラームの教えに則《のっと》ったハラール肉を使ってあった。

夜10時の便でドバイ着は早朝4時50分。4時間半の待ち合わせで、ウガンダのエンテベ空港行きに乗り継がなくてはならない。とにかく初めて見るドバイ空港の巨大さに度肝を抜かれた。吹きぬけの4階分を大きなエレベーターが昇降し、そのうしろには滝が流れている。窓は三角形でアラビックなモチーフ。そこに突然、拡声器でアッラーへの祈りを捧げる声。びっくりした。入国審査官はもちろんみなアラブ人で、真っ白いカンドゥーラという民族衣装、頭にも白いゴトラという布をかぶり、イガールという輪でとめている。彫りの深い美しい男の人が多く、しかも入国審査とは思えない笑顔に白い歯を見せてなごやかな雰囲気だ。ただし撮影は禁止。

心を残しながら、そのままエンテベ空港に乗り継いで、また数日後、ドバイに戻ってきた。

国際ハブ空港のあるドバイは、アラブ首長国連邦の7つの国のひとつでもある。ここは空港と観光でもっている。そのほか石油で多大の収益をあげる大きなアブダビ。あとのシャルジャ、アジュマン、ウンム・アル＝カイワイン、フジャイラなどはアブダビの経済援助で生きている小国だ。私たちは超高層ビルやリゾートが建ち並ぶドバイにはさほど興味がないので、UAEの残るひとつ、ラアス・アル＝ハイマという小さな国に直行することにした。ここはセメントとセラミックが基幹産業だ。受け入れてくださったのはアラビア湾（アラブ諸国ではペルシア湾とはいわない）で真珠養殖の会社を興した日本人男性Iさんである。「高層ビルとリゾートとラクダくらいしか知られていない」といわれるUAEで見たことを報告したい。

空港に迎えにきてくれたのはバングラデシュ人の男性。3月末のドバイはそう暑くもなくさわやかだった。この国の国民は白く長い服を着てゆったり歩く。そのぶん、体を使う労働の多くはインド人、パキスタン人、バングラデシュ人などの出稼ぎ外国人が埋め、家事ではフィリピン人女性が働いている。アフリカから来た目には道路がすばらしくよい。ビュンビュン飛ばし、1時間ほどで着いたのはこの地でいちばん由緒あるホテル。

夜中の12時をまわったというのに、このホテルにある日本食レストランの日本人シェフがお弁当を持って待っていてくれた。おにぎり、揚げ物、鮭の塩焼き、漬け物などが入った弁当は、まるで「地獄で仏」のようだった。「明日の朝はゆっくりなさってください」というシェフは佐賀生まれ、ふるさとではご両親がお寿司屋さんを営んでいるという。

夜中に寝ぼけて起きた。うう、寒い。ここは私のうちだっけ？　ブルーの壁紙、銃を持つ兵士の絵、紺にペイズリーのカーテン。あ、アラビア半島にいるんだった。なんとクーラーが16度に設定されていた。止めてまた眠る。朝はバイキングの朝食をアメリカ人や中国人客に交じってとり、のんびりプールで泳いだ。あっという間にお昼になり、日本食レストランに行ってかき揚げうどん。真珠の貝柱が入っておいしい。真珠の養殖が盛んな宇和島でいただいたことがあるが、日本ではめったに口に入らない歯ごたえのある味だ。

午後、海辺にある真珠の養殖場を見学にいく。

事務所ではアコヤ貝の挿核《そうかく》作業が行われていた。アメリカ・ミシシッピー川で採れるドブ貝の丸い核をアコヤ貝に挿入し、そこに真珠の外套膜《がいとうまく》をくっつけて海のなかに戻すと3～4ヶ月で日本の真珠と同じくらいの珠《たま》になる。日本ではこれくらいの大きさの真珠をつくるには通常6ヶ月～1年かかる。生育スピードは日本の2倍という。

この細かい作業は若いフィリピン人の女性が何人かでやっている。養殖場を管理するのはアルジェリア人のRさん。「この海はプランクトンもいてミネラルの多い抜群の環境です。外海からはラグーン（潟《かた》）で守られほとんど波がないので、真珠があまり揺れず、きれいな丸い珠になります」

彼は湾に浮かぶ木造船に私たちを案内してくれた。静かな海を船で走ると風に吹かれて気持ちがいい。海辺にはマングローブの林も見えた。ジュースやお茶やアラビック・コーヒーのサービスがある。コーヒーは煎《い》りの浅い、色の薄いものだが香りは高い。デーツも供された。日本人の駐在員の奥さんで、超高層のドバイ生活に息苦しくなった人たちもここにやってくるという。

「もとは国でムール貝の養殖をしていました。ここは、アルジェとは山の色が違う、アルジェの山は緑だ。去年はしかしこの茶色の山に雪が降った。ぼくはオフィスで働くのは得意じゃない。自然のなかでいい空気を吸い、海を見ながら働くのが好きだから、いまはとてもハッピーだ」

その昔、クレオパトラは美容のため真珠を溶かして飲んだという。昔から天然真珠は採れたが、海水で揺すられ、いびつになった。これをバロック真珠という。イタリアに始まるバロックという様式の名はここからくるらしい。ヨーロッパの貴族たち、エリザベス1世やマリー・アントワネットも王冠や髪飾りや胸飾り、さらには服にも真珠を縫いつけたりしている。そのころの真珠はほとんどがアラビア湾産。ここは真珠のふるさとといっていい。

最後にRさんはアコヤ貝を人数ぶん運んできた。じゃんけんで貝を選ぶ。そして彼が太い指で中を探ると真珠が出てきた。私のは真っ白で大きい。8ミリ半。中学生の菜美ちゃんのは小ぶりだがピンクがかってきれい。熊谷さん、鷹野さんのはゴールドという黄色が濃いものだった。いただいていいのかしら。12ミリもする大きい粒は、ものによってはひと粒3000万円もすると聞いた。

帰りに海岸で貝や石を拾った。海水浴をしている人たち。水辺には葦《あし》も生えているが、「茅葺きの家は見えないな」と熊谷さん。生鮮市場へも行ってみた。「フレッシュ・キャメル」と書かれたラクダ肉の店には驚いた。果物や野菜の店。女性用トイレはなし。魚市場には魚が山と積まれ売られており、ここで働いているのはほとんどインド人だそうだ。

市場でイカを買って、さばいてもらう。魚を要望に応じて3枚におろしたり、筒切りにしたり、内臓を抜いたり、頭を落としたり、素早い作業である。それを店で焼いてもらうと、日本円で1000円くらいになった。香ばしかった。

夜、ここで真珠の会社を興したIさんに聞いた。

「うちは父の代から真珠に関わっています。父は戦後、伊勢志摩で真珠の養殖を学んで会社にしました。兄もおりますし、ぼくは、日本はすでに飽和状態なので、新しい市場を開拓しようと2001年にドバイへ来ました。9・11の直後で、中東に来る日本人はまずいませんでしたね。

最初はうまくいかず大損しました。悔しいから翌年も来た。そしたら町のそこここに真珠のモチーフやモニュメントがあるじゃないですか。ここでは真珠のことを『ルル』というんです。調べてみたらその昔、アラビア湾こそが天然真珠の本場だった。知らなかった。ところが明治になって日本が養殖技術の開発に成功、その養殖真珠と世界恐慌や乱獲によって、アラビア湾の天然真珠産業は衰退してしまったのです。しかも1960年代から石油が出て経済的に豊かになったこともあって、ここの人たちも真珠のことを忘れてしまった。

ぼくは調査から始めました。気温が摂氏50度にもなる海で真珠なんかできるわけないという専門家もいました。やがて真珠を育てるのに適した環境であることがわかり、日本に先を越された真珠養殖をここでできるのではないかと考えました。こちらの有力者に相談したら、『祖父に真珠産業のことを聞いたことがある。ぜひ復活させたい』といってくれて、2年の助走期間を経て、2005年に会社を設立。その年は日本の職人を招いて2000個核を入れて、1700個の真珠を養殖するのに成功しました。いまでは年間およそ4万個の真珠を生産しています。

湾の背後に迫る茶色い岩山をご覧になったでしょう。あそこにしみこんだ過去何千年もの雨がミネラル豊かな地下水となって養殖場近くの海にわきだしています。これが暑い夏場にも海水の温度調節をしてくれるのです。日本ではアコヤ貝の生産場所と、挿核して真珠を養殖する地域が違うことが多いために適応できなくて死ぬ貝が多い。ここではアラビア湾に自生するアコヤ貝を使っていますから環境に強いんです。ふつう摂氏30度を越えるとアコヤ貝は死ぬといわれていますが、死ぬ気配なんかなくて、36度でもますます元気。珠は強い光沢を放っています。この地に日本の養殖技術を導入できたのは、父以来の技術の蓄積とネットワークのおかげです。

このような文化も習慣も違う国に外国人だけで進出して、簡単に事業ができるわけではありません。私の場合、パートナーに恵まれました。

顧客は主にアラブのハイソサエティです。フランス、ドイツ、日本などのデザイナーにまず会っていただき、デザイナーは顧客の雰囲気や好みを汲んだうえでデザインをして、それをまた顧客に見せて調整、納得のいくものをつくる。すべてオーダーメイド、世界にひとつしかない宝石が胸を飾るのでご満足いただいています。古くて新しい産業を発展させて、この国に寄与というか恩返ししたいと思っています」

それだけではない。Iさんは真珠産業から派生する仕事にも手を広げているとのこと。翌日、農業部門をまかされている日本人男性Kさんの運転で町に出た。彼は1975年生まれ、大学で農学を専攻し、青年海外協力隊でアフリカに2年いたこともある。「どこへ行きたいですか?」まず農場が見たいです。「OK」といって彼はもと来た道を引き返した。「ぼくは最初はレストランのアシスタントでしたが、真珠から派生する27の事業を起こす、君は農場をやってみないかと誘われました。真珠をとった貝の残りの部分はアクセサリーに加工したり、粉にすれば化粧品に使える。貝柱は日本食レストランで刺身やかき揚げにします。残った身の部分を、こちらでは生臭いといって食べないので、肥料にして野菜を育てる。そうすれば有機野菜にもなります」

農場といってもそこは茶色い砂漠の丘陵、こんな土地で農業ができるのか、と一瞬思ったが、木の箱に大根、ラディッシュ、人参、小松菜など野菜が育っていた。日本で高いルッコラはここでは安く、ブロッコリーとカラーピーマンが高級品だという。

とはいっても砂漠の砂地で雨は期待できない。

「いま生えている木は乾燥に強いメスキート、外来種ではびこって困る灌木《かんぼく》は抜くと喜ばれるし、ただでもらえるのでこれで炭焼きをしてみようかと」

モリンガという健康茶になる苗も育てている。

「本当は犬を飼いたいんだけど、ここでは犬は豚と同じく不浄とされているので飼えない。だから、いまは鳥にハマっています。ひよこを10羽買ってきて育てていたら猫かネズミに食べられて、たった2羽になったので、先週は2回泣きました」

こんな難儀な土地、炎天下で農業に専心しているKさんがすごい人に見えてきた。休憩小屋も道具もすべて手づくりである。

少しは町を見ることにした。まずUAEの残りの小国、アジュマンへ、そしてシャルジャへ。道の両側の塀の向こうには、金属製の豪華なゲートや、白や緑や紫の外壁に囲まれた高級住宅がたくさん並んでいる。一軒最低数百坪はある感じ。塀の外に高級車が停めてあるところを見ると、あまり泥棒はいないようだ。日本車は少なく、1000万くらいしそうなアメリカの大型車、あるいは韓国のヒュンダイの車を見かける。ホテルなどの家電製品はサムスンだった。「ソニーやパナソニックが席巻した日本の時代は終わりかもしれません。100円ショップのダイソーは進出したけど」とKさん。

あちこちに一昨年のUAE建国40年記念のポスターが残る。7人の最初の首長の影絵のデザイン。「UAEの初代大統領ザイード・ビン＝スルターン・アール＝ナヒヤーンは石油で得た利益を緑化や環境整備にそそぎこみ、その政策はいまも支持されています。大統領はアブダビの首長、副大統領はドバイの首長と決まっているようですが、ラアス・アル＝ハイマは優秀な人が多く、官僚に人材を輩出しています」。尖塔を持つ白いモスクもいくつか見える。すっかり整備された町、このアスファルトをはがせば、かつてはラクダの隊商が行き交った砂漠なのだろうか。右手に見える池がオアシスの名残かしら。

上：ラアス・アル＝ハイマの真珠のモニュメント　下：砂漠で農業

この町は砂漠の上にできた蜃気楼のようにも思える。オイルマネーの上にできた……。

そういえば町で女性をめったに見ない。スーパーに行くとやっと少しいた。目のところだけ出した女性、黒いシャイラというベールをすっぽりとかぶった女性、鎧《よろい》のような金色のマスクを顔にはめた女性。アバーという黒い外套を着た女性もいる。町に美容院らしきものもあるが、入り口がすっかり遮蔽されて中が見えない。女性の黒に対して、男性は白く長い服で胸からネクタイのようにひもを垂らしている。タルブーシュというそうだ。スタンドカラーやワイシャツをそのままのばしたような長い上着もある。白い生地は日本製が最高とされている。

Kさんはいう。「初めて来るアラブとしてUAEはいいと思う。宗教的なタブーもそれほど厳しくはないし、少なくとも『国民』に貧富の差が大きくはなく、治安もいい。普通の人々でもけっこう余裕があります」

昨日、アルジェリア人のRさんに大きな家を「金持ちの家ですか?」と聞くと、「いや普通のネイティブ・アラビアンの家だ」と答えたのを思い出す。

シャルジャの土産物を売っているスーク（市場）へも行ったが、観光客もまばらで、それほどほしいものもなかった。宝石、金のアクセサリー、絨毯《じゅうたん》、スカーフなどがある。

UAEでは出稼ぎの外国籍人口が多く、いわゆるUAEナショナル（ローカル・ピープルともいう）は2割弱しかいない。その彼らには手厚い保護がされている。教育や医療はほぼ無料だし、公務員には優先的に登用され、所得税もなく、結婚すれば祝い金が出る。低所得者や母子家庭には住宅手当も出るという。石油のおかげで国民はうらやましいほどいい暮らしができている。

マンゴーのアイスクリームを食べにもいったのだが、ここも客は車で乗りつけて、店の人が駆け寄って注文を聞き、車までアイスを運んでそこで支払いもすます。見ているとほかの店でもそうである。特に女性は車から降りないようだ。

お昼はKさんおすすめのチャイニーズレストランへ、それからインコやオウム、鷹など鳥の市場を見にいく。

シャルジャのスーク

白と黒の民族衣装を着た親子連れがのんびりと歩いている。私がいうのはなんだが、みなよく肥えている。夫婦で仲良く手をつないでいる人もいた。

「広い邸《やしき》のなかで孔雀やライオンなど変わった動物を飼うのがはやっているんです」

いまでも4人まで奥さんを持っていいんですか？

「若い人はそんなことはしません。このシステムは男が好色だからではなく、成功した男の強い種を残すという合理的な考えから生まれました。そして、60の男が60の妻と、40の妻と、20の妻を持っていたとしたら、若い女を連れて歩くのではなく、歩く順は厳然と第1夫人、第2夫人、第3夫人の順ですし、平等に養わなくてはいけません」

でも妻になって家のなかにだけいるのは辛いだろうなあ。運動不足にならないの？

「いや、官僚や大臣に占める女性の数は日本より多いですよ。ただ他人の奥さんに馴れ馴れしく挨拶したり、口をきいたりしてはいけません。見てもいけない。あるとき、車がエンコしちゃって外に出て立っていたら、前の家のおじいさんが飛んできて、うちのメイドに色目を使うんじゃないと怒鳴られた。なんといっても女性は大事な秘宝だからね」

「女性は秘宝」という表現がおかしかった。大切にはされているのかも。

治安はいいみたいですね。

「法律遵守の国なので犯罪は起きにくい。罪を犯すと日本よりはるかに重刑ですし、出稼ぎで来ている外国人の場合、国外追放になって二度とこの国に入れない。みんな妻子を故国に残して、あるいは妻だけ一緒に来て、子どもたちは祖父母に預け、そのぶん稼いで送金する。だからめったなことでは罪は犯さないんです」

皆さん、何が娯楽なんですか？

「なんでしょうね？　国民はお酒を飲まないし、ばくちもしません。なくて寂しいのは居酒屋ですね。射撃場、遊園地、映画館、ボーリング場はあります。行ってみますか？」

最後の日、ドバイの高層ビルを見るより、国境を越えてオマーンに行こう、ということになった。昨日から道路標識に何度もオマーンと出ていたのでとっても気になったのである。バングラデシュ人の運転手さんを「一緒に行こう」と誘うと、「ぼくのパスポートでは行けません」という。あらためて日本のパスポートを持っていることがどんなに特権的なことかと思う。気安く誘ってごめんなさい。

Kさんの運転でオマーンの飛び地ムサンダム半島までラアス・アル＝ハイマから30キロほど。国境でのビザ取得は係官がとてもゆっくりで40〜50分はかかった。やはり国境は撮影禁止。中世の城郭のようだった。

オマーンに入ると右側はどこまでも白い柱状《ちゅうじょう》節理《せつり》の崖、左側は真っ青な海。ほとんど人家が見えない。あっても石づくりの廃墟だった。ちょっとアイルランドに似ているかもしれない。

しかしこの石の見事さは世界遺産にしてもいいくらいで、地質学者などが見たら興奮するだろう。道はすばらしく、電線は地下埋設のようだ。

数十キロ走ったところになぜか、世界的なチェーン、ゴールデンチューリップのホテルがあった。昼食をとろうか迷ったが、町まで走ろう、と衆議一決。ようやく町が見えてきた。まさにオアシス、ヤシの木が生えた緑地が真ん中にあり、眠ったような人気のない白い町が広がる。そこにカレー屋だが、海鮮の炭火焼もやっている店があった。嬉しくなってエビ、カニ、イカ、鶏などを頼んだが、残念ながらやや焦がしすぎ。いちばん口に合ったのはヒヨコ豆を擦ってオリーブオイルなどとこねあわせたフムス、これをパンにつけて食べる。中東の広い地域で食べられているものだそうだ。

そろそろ帰らなくては。帰りは海が右に見えた。この先がホルムズ海峡です、とKさん。紛争地域でもあり、日本のタンカーが海賊に襲われたりするところだ。ここを安全に通過できないと、日本は石油不足に苦しみ、経済は大きな打撃を受ける。その有名な海峡を前にして私はため息をついた。私も石油も、はるばる来つるものかな。

途中、地引き網漁を見た。おおぜいの男たちが海に入って働き、綱を引く。しかし主に引くのはトラックだった。その綱がもう少しであがるところでぶちっと切れ、網のなかの魚が桃色や銀色に光ってはねた。男たちがあわてて魚を砂浜にあげ、トラックに載せる。大漁に笑いがはじけた。

ラアス・アル＝ハイマに戻るともう夕方。これから夜10時半の便で帰るまで、ドバイの有名な噴水ショーでも見ようか？　いや観光はもういいような気がした。

砂漠のなかでタイ料理でも食べましょう、と向かった先は本当に砂漠の見えるリゾートホテル。砂の丘の上に１本の木が生え、それが池に映って幽玄というしかない風景。蝋《ろう》燭《そく》の明かりの下でーさんはいった。「同じイスラーム世界といってもさまざまです。ここはこんなに豊かですが、アラビア湾の対岸にはいまだ政情の安定しないイラクがある。そのことをここにいてもいつも覚えておかなくては」

上：オマーンの飛び地へ　中：生鮮市場
下：アラビア海の地引き網漁

＊＊＊

その後のラアス・アル＝ハイマ――結局、私はドバイの繁栄、超高層ビルや7つ星ホテルとは無縁の滞在だった。豊富なオイルマネーを背景に、その国の人々が、大学を出たら多額の給料をもらい、下積みの単純労働はみな外国人労働者にさせている様子を見て、複雑な気持ちにもなった。このとき見たことは原稿に書き、雑誌連載時には登場する方たちの許可もいただいていた。しかしその後、状況の変化で、Iさんは現地に滞在しながらも事業の継続が困難になっていると聞いた。それで、単行本収録にあたっては、残念ではあるが、その方々に不利益が発生しないよう、お名前をイニシャルに変えた。読者のご寛恕をお願いする。

バングラデシュ

ライハン・カビル・ブイヤンさん

ハラールフード店店主

ひさしぶりにJR新大久保駅におりるといろんな言葉が飛びかっている。タイ語、韓国語、中国語、ヒンディー語、アラビア語。10年ほど前にこの辺の韓国食堂にハマって何度も来たことがあった。外国人向けの安宿もあれば、美容院も病院も存在する。

駅を出て左へ行った道の反対側の横町にハラールフードの店が並んでいる。「餃子の王将」の隣りには「バラヒ・フード&スパイスセンター」と「グリーン・ナスコ」、角を曲がると「ロ

2013年8月。奥さんと

ーズファミリーストア」。インド人の店もあり、パキスタン人の店もある。長いひげで白く長い民族服を着ている店主もいる。ローズファミリーストアのビルの4階には小さなモスクもある。人呼んでイスラーム横町。そのまままっすぐ進んだところにあるのが今回訪ねる「ザ・ジャンナット・ハラルフード」である。

店を訪ねる前に、遅いランチをバラヒ・フード系列のネパール人の店「モモ」でとった。モモというのはネパールの餃子のようなもの。今日はチキンカレーがなんと550円、食後のラッシーが100円。2階に上がる階段からして、アジアのどこかの国にいるようだ。バラヒはハラールフードを扱っているが、ネパールはヒンドゥー教（約80％）と仏教（約9％）の国であるのが不思議（イスラーム教徒も4％ほどいる）。隣りに海外送金サービスの事務所もあった。

ザ・ジャンナット・ハラルフードの社長は背の高い、目の大きなハンサムな青年であった。民族服は着ないで、普通のポロシャツにズボン、よく光る黒革のとんがった靴を履いていた。折しもアフリカの女性たちが、かごに大きな袋の食品をつぎつぎと入れている。店員が値段をいうと、「ノーノー」といって譲らない。負けろというのだ。この調子では当分話を聞くのは無理そう、と私は店内の商品をながめていた。店に入るときの不思議なにおいを確かめる。胡椒《こしょう》、カルダモン、クローブ、唐辛子、ココナッツ、カレーパウダー……そんなものがミックスしたにおい。

社長が譲歩したためか、商談はあっけなく成立したようで、アフリカ女性たちは意気揚々と荷物と子どもを連れて帰っていった。アフリカ人は腰が高く、足が長く、胸を張って姿勢がいいから意気揚々と見える。彼女たちに英語で訊ねたら、ナイジェリア人で夫が大使館に勤め、東急線沿線から月に一度は、ここに大量の買い出しにくるそうな。

客はつぎつぎ来るし、店では落ち着かないので、近くの喫茶店へ行くことにする。何になさいます、と聞くと、「ラマダン中だから何も飲まない」と社長はいった。

「彼女たちはお得意さんで、ガリというキャッサバのパウダーとか、オラオラというヤム芋のパウダーを買っていった。アフリカではほかにガーナやチュニジアの客も来ます。各国の食品は日本にいるその国の人たちに仲介してもらって仕入れているんです」

まずは社長のことから話を聞いた。

「長い名前ですけど、私はライハン・カビル・ブイヤン。生まれたのはバングラデシュのナラヤンガンジです」

どちらも発音をたやすくはカタカナにできなかったので、ノートにアルファベットで書いてもらった。ナラヤンガンジは首都ダッカのすぐ近く。ブイヤンさんが子どものころにはそこで泳いだという、大きな川が流れる港町だ。現在は近くに経済特区もでき、海外の繊維工場などが建ち並ぶ。緑あふれ、力車の走る歴史のある町で、13世紀末にこの地を支配したヒンドゥー王朝の遺跡なども残るという。

何年の生まれでしょう?

「1980年生まれで、日本に来たのは向こうで大学を卒業したあと、2002年5月10日、22歳のときでした」

わー若い。私の娘と同じ年だ。はじめから商売をするつもりだったのですか?

「最初は勉強するために来ました。まずは東中野の日本語学校で日本語を学びました。学ばないと商売ムズカシイだから。そのあと池袋の駿台電子情報専門学校でコンピュータを学んで、そして日本の旅行会社で働きはじめたんですね。

本当はコンピュータ関係の仕事をしたかったけど、人と接する仕事も面白いなあと思って。いろんな人と会ったり、いろんな話をしたりというのが好き、自分のビジネスをやろう、と思った。バングラデシュでは会社に入るのはつまらないと思われていて、社員になるより自分で仕事を立ち上げる人が多い。27歳で私、自信もあった」

バングラデシュから日本に来るのは大変でしょう。ご実家はどんな仕事をしていますか?

「父は輸送会社と布地を織る工場を経営しています。この店を借りるときも、ぼくと弟の金では足りなくて父が助けてくれた。そう、ぼくが来日したあと弟も呼んだんですね。彼はいま別のところで別の仕事をしています。

とにかく最初に来たとき、食べ物のことですごく困った。ムスリムだから豚肉はもちろん食べないし、ハラールの鶏肉も売っていない。インド人とミャンマー人のお店はあったんだけどね。でもバングラデシュ人はたくさん、日本に1万人くらいいて、その半分は東京にいた。だから食べ物の店さえ開けば大丈夫だと思ったの。新大久保に店を開いたのは、北新宿に住んでいて、ここをよく通ったからですね。

店は2007年の1月1日、たまたまお正月に開けました。そのころに比べて日本のバングラデシュ人は減りましたね。ビザが厳しくなったから、いまは帰る人のほうが多い。私が来たころいた人はみんな勉強を終えて帰ったね。反対にパキスタン人やネパール人はビザが出やす

上:ダッカの町並み(2016年) creative commons by ASaber91　中・下:ナラヤンガンジの町並み(2014年) creative commons by তাওহীদ

くなったからか、いまどんどん来ている。これもいつまで続くかわからない」

なるほど。ある国にいる外国人の数は、その国の政情や外交事情にも左右される。

ハラールってどういう意味でしょう?

「それは簡単。難しいことじゃない。まず動物を殺す前に、アッラーの名前を唱えること。2番目のポイントはのどのあたりを半分切って、血がぜんぶ出るまで待つこと。第3のポイントは、動物のなかでも食べていいものと悪いものがあって、鳥でもくちばしで食べるものはいいけど、足を使って食べるカラスとかはだめ。人間を食べるトラやライオンはだめ。犬や猫もだめ。穴のなかに住んでいる蛇やトカゲもだめ。もちろんコーランで食べていいともだめともいってない動物もあります。カエルとかエビとかは決まってない。魚はぜんぶ食べていい。こわいの魚、サメはだめ。人間を食べるから」

いろいろあるんですね。ブイヤンさんの店ではハラール肉を扱っていますが、その肉はどこから仕入れているの?

「鶏肉はブラジルとアメリカから、牛肉は日本でもハラールで処理しているところがあります。いろんな国の人が来るからね。だから商品もずいぶん変えた。お米もタイ米に中国米に……いちばん高いのは1キロ900~1150円のバングラデシュのお米『カリジラ』。スゴイ高い。粒が小さくておいしいよ。国では米を炊くときに油やバターやオニオンを入れることもある。ぼくがふだん食べているのは『バスマティ』という5キロで1800~2700円のお米。値段は仕入れたときの価格で変わる。日本の米はスティッキー（粘りがあって）でぼくたちにはおいしくない。それぞれの国の人がそれぞれの国の米を買っていく。バングラデシュの人はほかに川の魚が好き。あと羊と鶏」

どんな国のお客さんが来るの？

「バングラデシュ、ミャンマー、インド、ネパール、マレーシア、スリランカ、タイ、ベトナム、インドネシア、イラン、サウジアラビア、ネパール……ネパールはもういったっけ？そ

ザ・ジャンナット・ハラルフード店内

れからパキスタン人。彼らはチャパティの粉なんかを買っていく」

と、彼はたちどころに国の名を並べてみせた。

「日本人はスパイスを買う人が多いね。チャイに入れるカルダモンとかね。日本に来るまでは母国語のベンガル語しかできなかったけど、インド人やパキスタン人のお客さんが多いから、いまはヒンディー語とウルドゥー語も話せます。英語も日本に来てから学んだ。同じ南アジアのインド人、ネパール人、バングラデシュ人、パキスタン人、スリランカ人は、日本人から見れば似ているかもしれないけど、見たらわかる。頭の形とかね、声のボリューム、のどから出す声の感じとか」

私たちもよく外国に行くとチャイニーズかと聞かれるけど、自分では区別つくよ。着ているものの色とか、しゃべり方とか、仕草でね。バングラデシュの人はどういう性格ですか？

「いいところと悪いところがありますね。我慢少ないね。これはいえる。それと、なんでも簡単に考える。いいところは愛情がたくさん、奥さんを大事にする。イスラーム教徒ですが、1回しか結婚しないね。何回も結婚するのは悪いことだと思ってる。同時にふたり奥さんを持つ人も、私のまわりでは見たことがない。

ぼくの知ってるパキスタン人はみんなこころ広いね。でも女の子を見たらほかのこと忘れちゃう（笑）。日本に来るとすぐ日本の女性と結婚しますね。帰ると今度は向こうでも結婚したり。そんな人もいる。

インド人はケチな人が多いかな（笑）。コルカタの人は特別ケチ。ムンバイの人はそうじゃないね。私はネパール人が好き、真ん中にインドがはさまっているし、宗教も違うけど。ネパール人もバングラデシュ人が好き。お互いに好きですね」

ほかのお店とはどういう関係ですか？

「できたりつぶれたりして、このあたりにあるハラールフードの店はいま7軒かな。いちばん古い店はこの隣りで、私が店を開く前につぶれました。2番目はローズの前、3番目がローズでしょ。4番目はつぶれて、5番目が私。お互いライバルだし、つながりもないね。挨拶はします。でも悪い感じもないね。ともかくこの仕事は人間関係が大事。仕入れはお金があれば誰でもできるけど、お客さんにお金をもらうんだから。昔は値札をつけずに言い値の店も多かったけど、ぼくは値段をちゃんとつけたり、きれいに整頓したり、がんばっているんですよ。本当は日本のスーパーみたいなぽんぽん打つレジにしたいね」

日本での暮らしについても教えてください。ブイヤンさんは結婚していらっしゃるんですか？

「してますよ。奥さんはバングラデシュ人で、見合い結婚ですね。子どももいます。奥さんは商売にはノータッチ。すぐ近くに住んでいるから、ぼくは朝の9時過ぎに店に来て、夜の7時に夕ご飯を食べにちょっと帰って、また夜中の12時まで働く。前は午前1時まで開けていたんですよ」

モスクはどこに行きますか？

「お祭りがあるときは大塚モスクに行きますよ。ラマダンのあとのイード・アル＝フィトルとか、年に2回くらい」

いまはラマダンだそうですが、おなかすかないですか？

「慣れたね。ふだんご飯を食べる時間におなかすくね。朝の8時ごろ、そのあとだんだん気にならなくなる。昼も12時過ぎるとおなかがすく。また平気になって、夕方にまたおなかすく。でも夜の7時を過ぎれば食べていいし、午前2時にも次の日のために食べなければいけない。家ではいつもバングラデシュの料理。ほかの料理はハラールじゃないでしょ。でも私、寿司も納豆も好きだよ。納豆には長ネギを刻んで入れて。前に和食の店でバイトしたとき知ったんですね」

この辺の韓国料理や中華料理にも行きませんか？

「行きませんね。たいてい豚が入ってるでしょ。豚骨スープもチャーシューもだめ、冷やし中華は豚肉をのければ食べられます。チキンだけど、ケンタッキーも行かないよ。ハラールの肉じゃないから。マクドナルドは最近行くようになったんですね。フィレオフィッシュとえびフィレオは食べられる。別の油で揚げているから。ムスリムの多いマレーシアではマックもハラール、ケンタッキーもハラール。本当は、好きなんです（笑）」

話は変わりますが、日本人が知っているバングラデシュの人って誰でしょう？

「日本で有名なのはヒムさんかな、知っていますか？　まとまったお金が口座にあったというだけで、テロリストと間違われて、２００４年に日本の警察に捕まって、ＢＢＣとかＣＮＮとか世界中のニュースに出た。何年か前に名誉を傷つけられたって日本のメディアを相手に裁判を起こした」

これを調べてみると、日本に潜伏中だったスイス人「サミール」を名乗るアルカイダ系組織の幹部リオネル・デュモンとたまたま会って、テレホンカードを売ったために、イスラム・モハメッド・ヒムさん、33歳が「登記簿謄本の偽造」と「就労ビザをもたない労働者の雇用」で別件逮捕、43日も拘束されたという。デュモン容疑者に渡した名刺が逮捕の根拠になった。実際は、彼の奥さんは日本人で、その父の世話をするため日本に来て、国際電話のプリペイドカードの会社を興して成功していた。

被害者のヒムさんは「日本には外国人の人権がない」と訴えているが、この話は大逆事件にそっくりだ。大逆事件自体、管野スガ、宮下太吉らによる夢想的かつ幼稚な明治天皇暗殺計画によって、彼らや仲間の幸徳秋水だけでなく、たまたま彼らと接触したということだけで大石誠之助ら無実の人々まで数百名を検挙し、12人も死刑執行したというとんでもないフレームアップだった。１００年経っても日本の警察は、容疑者と接触があっただけの人を別件逮捕したのである。外国人の人権を守れない日本が、安保理の常任理事国入りはとうてい無理とする論もある。

「あとタレントのローラのパパもバングラデシュ人です。これもあんまりいい話じゃないね」

ローラは不思議な日本語をあやつり、ずばり本音をいうことでテレビの人気者らしい。その父親には2013年6月に、詐欺の疑いで逮捕状が出た。

こうして考えてみると、私がバングラデシュにもっている知識やイメージはきわめて少ない。インドには4回行ったが、彼の国はまだ訪れていない。ニュースなどで知っていたことは、元はインド、パキスタンとともにイギリスの植民地であり、1971年に独立したこと。日本の半分ほどの国土に約1億6000万人が暮らす世界最貧国のひとつであること。政情が不安定で、洪水が多く、それを救済するためにニューヨークで「バングラデシュ難民救済コンサート」(1971年)が開かれたこと。それにダッカでの日航機ハイジャック事件(1977年)くらいのものだ。

最近の明るいニュースは、グラミン銀行の創始者ムハマド・ユヌスが、2006年にノーベル平和賞をとったことだろうか。マイクロクレジット(少額融資)による女性の起業と社会進出を応援したというのが受賞理由。しかし、そんなもろもろと目の前の青年社長はあまり関係なさそうに見えた。

お国の政治や社会は安定していますか?

「厳しいね。来年（2014年）は1月に選挙があるから。でもいつものことです。日本は安全で、家から出ても99％は戻ってこれる。バングラデシュでは家を出たら無事に帰れるかわからない。田舎のほうは大丈夫だけど。母はだいたい家にいるから心配ないけど、父は仕事でよく出かけるから心配。心配してもどうしようもないけどね」

じゃあ、ずっと日本にいますか？

「いや、いつか帰ります。いま子どもが2歳7ヶ月、日本で教育を受けると自分の国の文化が

THE JANNAT HALAL FOOD
新宿区百人町2-9-1
10:00-24:00
http://www.thejannath.com/

体に入らなくなってしまう。帰るか、あるいは妹がいまオハイオにいて、そのうちニューヨークに行くというし、アメリカならバングラデシュ人のコミュニティがあるからいいかな」

日本をどう思いますか?

「日本人はまっすぐだし、規則は守るし、いやなことは何もないね。でも宗教が合わないからね、だからバングラデシュ人はほとんど帰る」

インタビューの最中にも何度か携帯電話が鳴った。そのたびに「ちょっと失礼します」と出るブイヤンさんは、いろんな言葉で手短に話しては切る、礼儀正しく気持ちのよい人だった。店に帰るとまたひっきりなしのお客さん、たまたま見えた美しい奥さんとの写真を撮らせてもらい、長居は無用、私はカルダモンと黒胡椒を買って店を出た。ひと袋200円、それはスーパーで買うのより相当安かった。

＊＊＊

その後のブイヤンさん——4年ぶりのブイヤンさんは立派なあごひげをたくわえ貫禄十分。現在、新大久保界隈のハラールフードショップは「20店くらい」に増えたという。ブイヤンさんの店も携帯電話など電子機器を販売するスペースを拡張、3〜4人だったバングラデシュ人スタッフも6人になり、盛業だ。子どもの小学校入学を機に、ご家族は帰国。故郷に建てた自宅兼賃貸マンション（1階はモスク）と日本を行き来しながら、ブイヤンさんは2店舗目の出店を検討中とのこと。

現在、バングラデシュにはミャンマーの少数派イスラーム教徒（ロヒンギャ）が迫害を逃れ、数十万人避難して社会問題となっている。ただ、ナラヤンガンジの治安は落ちついているそうで、「最近日本人の友だちも旅行して気に入ってくれて、今度は子どもを連れていくといっていた。嬉しいね。ぜひ時間があったら行ってみてください」

イスタンブールめちゃめちゃ歩き

トルコにはずっと行ってみたかった。世界史好きとしては、ドイツ人考古学者シュリーマンが発掘したトロイアがある。ギリシア、ローマ文明のあとがある。コンスタンチノープルとして栄えたビザンツ帝国（東ローマ帝国）、イスラームのオスマン帝国と、文字どおり文明の十字路はこたえられない。でも今回、「そうだ、トルコに行こう！」と決めたのは、２０１１年3月11日のあの大地震の翌日、3月12日にはトルコからのボランティアが日本に到着していた、と大塚モスクのクレイシ・ハールーンさんから聞いたからだった。

そして今年（２０１３年）6月にはゲジ公園の再開発をめぐって、若者が公園でピクニック的座りこみを行い、隣接するタクシム広場では、警察はふくれあがる民衆に手を焼いて、これを排除した。少なくとも5人の若者が殺されたという。そのニュースを胸がつぶれる思いで聞いた。さらに東京がオリンピックをイスタンブールと争い、来ないことを祈念していたのに、東京になった。イスタンブールはいまどうなっているのだろう。

スケジュール表をにらんで、ここなら行けそう、えいやっとチケットと宿を手配した。

2013年9月30日、トルコ航空の直行便は11時55分の出発。膝がちょっと痛むので、足を伸ばせる席をと頼んだら、「今日はコンフォートが空いていますからどうですか」という。片道3万いくら足すと、まるでビジネスクラス並みのコンフォートクラスに替えてもらうことができた。シェフが乗りこんでいて、前菜からチーズまでのフルコースを出してくれる。乗務員のサービスはあまりよくなかったが、まあラッキーだった。

着いたのは夕方5時45分。入国もスムーズで、タクシム広場近くのホテル横に7時過ぎにバスが着いた。ちょうど毎年この時期にトルコで調査をしているジェトロ・アジア経済研究所の村上薫さんが迎えにきてくれた。高校の後輩だ。「このホテルは逃げこんだデモ隊をドアを閉めて守ったのですが、警察はガラスを割って侵入したようです」とのこと。ヒルトンホテルもそうしたそうだ。

夜は警察官がたくさんいるタクシム広場からちょっと下がったところにホテルはあった。荷物を置き、イスティクラル通りを歩く。イスタンブール銀座というような繁華街だそうだが、そう広くない道で、そこにレトロな路面電車（トラム）が走る。速度は人間をゆっくり追い抜いていくほどで、まず事故は起きない。電飾がほどこされた、ごまパン売りや焼き栗売りの屋台が出ている。ローマでも「マローネ、マローネ」と呼ばわる焼き栗売りは秋の風物詩だ。懐かしい。それにしてもイスタンブールってこんなに寒いの？　焼き栗屋さんも毛糸の帽子で、ポケットに手を突っこんでいる。暑い中近東のイメージは吹き飛んだ。

2度のおいしい機内食でそれほど食欲わかず、通りの店でサラミ入りのピデ（トルコ風薄焼きピザ）と、寒いから鶏のスープ、タウク・スユを飲む。「この店はスイーツ専門店ですが、こうしてちょっとした食事もできます」と村上さん。室内はロココ風にアラビア風が混ざったような豪華さだ。帰りに見るとライスプディング（フルン・スュトラッチ）やパイのシロップ漬け（バクラワ）がショーウィンドーに並んでいた。

10月1日

ホテルは滞在型で60平米はあり、ベッドルームのほかにソファや仕事デスク、キッチン付き。今日も曇り、いまにも降りそうだ。朝食は1階のレストランで、チーズにトマトとキュウリ、オリーブ、オムレツ、パン、チャイである。トルコに詳しい村上さんは、「あ、これ高くてなかなか出てこないチーズです」なんていうが、私にはさっぱり。トルコのフランスパンは外がこんがり、中はふわふわでおいしいとあったがそのとおり。サワークリームをつけて食べる。「私、オリーブが大好きで」と村上さんは出されたオリーブをみんな片づけた。

昨日、トルコのエルドアン首相は民主化政策を発表したが、これが「そこまでいってしまっていいの」と心配になるくらい、進歩的なものなのだそうだ。

彼女は昼間は調査だから付き合えないが、できたら夜ご飯くらい一緒に食べようという。

まずメトロ（地下鉄）、トラム、バス、船、ケーブルカーなどにすべて乗れる切符「イスタンブールカード」をタクシム広場のキオスクで買う。Suicaのようなもので、チャージしながら

上：タクシム広場と地下鉄の駅テュネルを結ぶトラム　中：焼き栗売りの屋台　下：ガラタ塔をのぞむ

使う。

イスタンブールはボスポラス海峡（黒海とマルマラ海を結ぶ海峡）をへだてて、「ヨーロッパ側」と「アジア側」に分かれていて、ヨーロッパ側はさらに金角湾をへだてて、「旧市街」と「新市街」に分けられる。

今日は宿のある新市街を究めよう。タクシムとはアラビア語で「分ける」という意味だそうで、イスタンブールでも高いところにあり、ここにオスマン時代は貯水池があって、水を低地に分けていた。

イスティクラル通りを下りて、パッサージュや魚市場、夜は面白そうなガラタサライ高校裏などをぶらぶら、トプハネ駅近くの現代美術館でたまたまやっていた「イスタンブール・ビエンナーレ」を見る。これがたいへん面白かった。都市と再開発がテーマで、ゲジ公園の占拠を受けて過度な再開発、スラム・クリアランス、言論弾圧などに批判的な作品が並ぶ。小学生が団体で見にきており、こんな過激な展示を見るのかと感動。

昼ご飯を「ファスリ」なる煮込み料理のレストランで食べる。黄色いレンズ豆のスープのなんという洗練ぶり。ニンニクとヨーグルトのかすかな香りにオリーブオイルとバジルが香る。ほかに羊肉のトマト煮込みに歯ごたえのあるピラウ（ピラフ）を食べた。

午後も迷いながらたどり着いた、ギリシア小学校の廃校あとでの展示を見る。そこから徒歩で金角湾にかかるガラタ橋からイスタンブールのランドマーク、ガラタ塔を見て、楽器街をのぞき、メヴラーナというイスラーム神秘主義の教団の小さな博物館を見て、レトロなトラムに乗って帰った。

夜には村上さんと魚市場奥のあまり観光客の来ない居酒屋へ行く。木のトレイにすべてのつまみを載せて注文をとりにきた。ニシンの酢漬け、イカのリングフライ、スベリヒユのヨーグルト和え、セロリの根などを選び、アラックを飲む。これは水を入れると白濁するギリシアのウーゾのようなもので私はあまり得意ではないが、つまみには合った。ふたりで90リラ、1リラ50円と

イスタンブール・ビエンナーレ

して約4500円、でも現地の感触でいうと90リラは9000円くらいか。

10月2日

村上さんは首都アンカラへ出張し、私は今日は旧市街を見にいく。高台のタクシム広場からフニキュレルなるケーブルカーでカバタシュへ下り、トラムで橋を渡ってギュルハネへ。みな降りるときは「パルドン」と声をかけ、改札のバーは手でなく腰で押す。女性もショートカットの髪をあらわにし、ジーパンを履いた人が実に多い。大きな目にさらにマスカラ。男性たちも美男子が半分くらいいて、ひげを生やしてますます男ぶりを上げている。

オスマン・トルコのトプカプ宮殿。トプカプの秘宝を盗むスパイ映画があったじゃない。入り口で「イスタンブール・ミュージアムパス」を買う。85リラでいくつかの施設に入れるから、トプカプだけで30リラ払うより得だ。まずハーレムから見る。後宮3000人といわれた江戸城ほどはいないらしい。それでも何百室もある。イスラーム王朝の君主であるスルタンはヨーロッパのように王室同士の政略結婚をせず、征服した国の奴隷を側室にしたらしい。いちばん待遇がいいのは皇太子の母だという。タイルの模様、ドアや木組みの窓枠、ステンドグラスを見るだけでも飽きないが、ひとりの男のためにこんなところに閉じこめられるなんて。私ならやってらんない。

そのうちに観光客が増えてきて、例の世界有数の大きさのスプーンダイヤは見られたけど、映画で盗みの対象になったエメラルドのついた短剣は混雑のうちに見逃した。

勢いで隣接する考古学博物館へ。こちらは見学者はほとんどいなくて猫ばかり。しかし展示はメソポタミアの楔《くさび》形《がた》文字から、エジプトの柩《ひつぎ》、アレキサンドロス大王の柩、トロイアの出土品とこれまたすごい。トプカプに圧倒され、ここでまた打ちのめされた。

昼ご飯は観光地なのに安くておいしいキョフテ屋に。香辛料入りのミートボールの老舗で、え

上:「ファスリ」のピラウの大鍋　中:魚市場奥の居酒屋　下:フニキュレルの乗り場

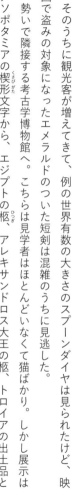

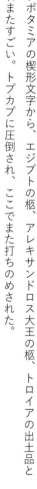

んじ色の上っ張りを着た店の人もなんだか張りきっている。１９２８年創業と書いてあった。

目がくたびれて、共同浴場ハマムに行ってみた。観光客が多いようだ。歴史的な建造物のなかで服を脱いで、薄い綿の格子柄の布を巻き、真ん中の大理石の台に横たわって待っていると、黒いブラジャーにパンツ姿のおばさんがやってきた。これ、韓国の垢擦《あかす》りおばさんと同じファッションである。ゆっくり体を蒸す間もなく、布の手袋でものすごい力でこすり、その後、全身に泡をつけられる。その泡がジワーンと音を立てて体にしみこむ。垢擦りおばさんは往年の美女、最後は自分の胸に私の頭を抱えこみ、肩のこりを揉みほぐし、髪の毛を洗ってくれた。上手ね、というと、「サンキューサンキュー」とにこりとする。でも湯船にゆっくりつかれるわけではなし、これで80リラは高いような。それでも冷えた体が少しは暖まった。

日本の風俗店をかつてトルコ風呂といったが、その意味がわかった。「誰かが体を洗ってくれる」ということなんだね。三助風呂という名前じゃ誰も来ないだろうし。でもトルコ人からの抗議を受けてソープランドと名を変えたのは当然だ。似て非なるものだ。

その近くが巨大なバザールだ。これまた日本でも使う「グランドバザール」などの語源か？まるで迷路、しかし入り口に番号がついているからわかりやすい。トルコ人はあまりしつこく客引きしない。夕方だからもうくたびれたのか、店主は入り口でチャイを飲みながら、店主同士話している。丸い銀のお盆にガラス器に入れたチャイを載せて運んでくる。あれ、チャイ屋はどこにあるんだろう。

あとをつけてみることにした。店のあいだの細道を入っていくと中庭のようなところに出た。そこにチャイ屋、クリーニング屋、食堂など、表通りの絨毯《じゅうたん》屋、宝飾屋、スパイス屋などを支える市場のはらわたがある。

私も1杯ちょうだいな、というと、「どこから来たのか」と聞く。ジャパニだよ、と答えると、「おれもジャパニ」と目をつり上げてみせた。おいおい、そりゃあ違うだろ。帰りがけ、イスティクラル通りの裏にある民謡酒場でアナトリアの歌手を聴いた。いかにも労働者という風情で、実に悲しいメロディを朗々と歌う。通りは昼間と違い電飾で華やいでいた。

10月3日

昨日に増して寒い。トランクには夏服ばかり、重ね着にショールで町に出た。薄いウインドブレーカーを持ってきたのは正解だったが、足下が寒い。今日は昨日の続き、旧市街の巨大なアヤソフィア寺院から。ビザンツ帝国のギリシア正教会をオスマン・トルコはモスクに替えた。漆喰《しっくい》の壁をはがしたら、当初のすばらしいモザイク画が現れた。そうなるとこれは教会か？　モスクか？

広い庭園を挟んで反対側は6本のミナレット（尖塔）を持つブルーモスク、正式にはスルタンアフメット・ジャーミイ。ものすごい列である。どうも観光地は好かん。それで海辺を目指して下りていった。どこも坂の上から海の切れ端が見える。小さなモスクをふたつ見た。本当に祈りの場であり、ショールをかぶってそうっと入ると、机で祈祷書を読んでいたおじいさんが「ノーフォト・ノービデオ」とつぶやく。モスクのまわりは生活の場で、いろんな工芸品をつくって売ったり、地域の人が溜まり場にしてチャイを飲んだりしている。

洋品店を見つけてやっとハイソックスを買った。店主は親切で、「ここで履いていいよ」と椅子を持ってくるや、チャイも入れてくれた。さらにビスケットの箱を開けた。ゆとりがあるというのかな。もうひとつのモスクではおじさんが、「こっちに上がりなさい、フラッシュなしなら写真を撮ってもいい」とニコニコしていた。

私は「メルハバ（こんにちは）」「テシェッキュル・エデリム（ありがとう）」だけでどうにか乗りきっている。

大学生などは日本人よりよく英語が話せる。理科系の授業は英語だそうだ。

とにかく寒い。またしても町場のハマムを見つけ、入った。昨日とはまるで違う。番台みたいなところにいたおばちゃんはお菓子をぼりぼり食べながらテレビを見ていた。ほんとに昼下がりの銭湯、高いところから光が差しこみ、とっ散らかった脱衣場。脱いで入っていくとほどなくして番台のおばちゃんが、胸もあらわにやってきた。こっちは垢擦りにマッサージまでついて50リラだった。2日続けて垢は出ない。終わって彼女が行ってしまうと、土地の老女が現れて、身振りだけで、「ほんの少ししかやらないでしょ。手抜きもいいとこよ」という。別のからんを使おうとしたら、「やめなさい。使うとできものが出るよ、ブチブチ」と肌をつまんでみせた。世界中どこでも屋台でものを食べ、下したこともないのだが、たしかに衛生には疎い私である。その老女の赤銅色に焼けた肌と、少したるんではいるが見事なプロポーションに見とれた。

ハマムからの道はいつの間にか、ピエール・ロティ通りになる。そこからさらに歩くと、知らず昨日の巨大バザールに入る。4000軒の店が軒をつらねているらしい。ガイドブックを見ているると、「ここはブルーモスクじゃないよ。もう見てきたか?」と聞かれる。「バザールを案内し

上:「カパルチャルシュ(グランドバザール)」入り口　中:親切だった洋品店の店主
下:町場のハマム

ようか」というので、どう見ても悪い人じゃなさそうだし、ついていく。3000人にインタビューしてきた私は顔相主義で顔を見ればたいてい性格はわかる。いざとなれば逃げる道はいくらもある。「ぼくはシャツの店をやってる。おじいさんもお父さんもその仕事。バザールから逃げられないのさ。でも隅々まで知っている」。古いお茶屋でアップルティーをご馳走になる。「ところであなたは学生さん？」と聞かれる。いえ、30代の大きな子どもが3人いますよ、というと相手は笑いだした。

毎日ジャーミイにお祈りに行きますか、と聞くと、恥ずかしそうに「週に1回くらいです」という。話は変わって、「東京で2020年にオリンピックやるんですね」と彼。不幸にも、前の1964年の東京オリンピックのときには私は子どもでしたけど、というと、相当髪の薄いそのおじさんは、「ぼくは1966年生まれですよ」とまた笑いだした。私より12も下だ。なあんだ、自分は相当、この女を若く見あやまっていた、ということらしい。私、ナンパされたのかな。すまして立ち上がり、「お茶をありがとう」と握手して別れた。トラムでエミノニュ桟橋まで行くと、ボスポラス海峡に大きな虹がかかっていた。客船が並び、ガラタ橋で釣りをしている人も多い。のぞくと豆アジだった。ガラタ橋の釣り客の下はレストランになっていて、ボーイが海からバケツで水を汲んで、テラスの掃除をしていた。

夕方のエジプト市場、別名スパイス・バザールへ行く。こっちのほうが巨大バザールよりも薔薇水、石けん、ハマム用のタオルなど日用品が多くて、ほしいものがある。さっそく、サフランと色とりどりの胡椒《こしょう》を買った。市場にはカタクチイワシのフライを出す店があって賑わっている。レモンをジュッとしぼって食べるのがいかにもおいしそう、ひと皿8リラであった。これでビールが飲めたらな。たいていの店はノンアルコール、仕方なくしょっぱいヨーグルト、アイランを頼んだ。バザールはそれほど混んではいなかったが、いいにおいのコーヒー豆屋には長い列ができていた。

夜7時から国鉄シルケジ駅でメヴラーナのコンサートがある。白い衣装でくるくる回って踊るうちに瞑想からトランス状態に入っていく。スカートの裾《すそ》をよく見ると、綿かなにかで膨らんでいて、少しおもりがついているのであんなにきれいに丸く広がるのだ。まあアイススケートのスピンを見ているようだが、あれほど速くないにしても、よく目がまわらないものだなあ。この駅は昔のオリエント急行の終着駅で、『ミッドナイト・エクスプレス』（1978年）なる怖い映画にも出てきたと思う。アメリカの青年が麻薬所持かなにかで捕まり、トルコの刑務所で苦役させられ絶対助からない、といった話。脚色だろうが、あれを見たから怖くて、長らくイスタンブールには来られなかった。

隣りの席にいたノルウェー人女性とまたトラムで一緒になり、話すうちに名残惜しく、タクシム広場の「シミット・サライ」でお茶。彼女はオスロ—ウィーン—ブダペスト—イスタンブールというコースで来たそうだ。イスタンブールはヨーロッパ圏内なのだ。年は同じだった。

「そうだと思った。私は看護師、離婚して4人の子を育てたわ」

私も離婚して3人育てた。

「ノルウェーは医療費も学費もただ同然。高い税金はとられるけど、ちゃんと再分配してくれるから母子家庭でもやってこられた。子どもは建築家と学校の先生とアーティスト、いちばん下は東京でコンピュータの博士課程にいるわ」

うらやましい。日本で母子家庭は極貧よ。官僚が税金をくだらない公共事業に使って私たちのところには戻ってこないわ。福島が依然深刻で困ったものよ。

「こっちは北海油田があるし、あとは水力と風力でじゅうぶん。ノルウェーは田舎がいいのよ」

オスロか東京でまた会いましょう、と名刺を交換して別れた。

10月4日

窓の外をのぞくと今日もどんより。目の前の建設中のビルは鉄骨にコンパネ、古い建物はレンガ積み。ここで地震に遭いたくない。

今日もトラムで旧市街のテオドシウスの城壁まで行く。ビザンツ帝国の首都がコンスタンチノープル（いまのイスタンブール）だったころ、西を守るいわば万里の長城だった。鉄壁の防御のはずが、カギの閉め忘れでメフメト2世の侵入を許し、哀れ、オスマン・トルコに滅亡させられた。

ミフリマー・スルタン・ジャーミイはそこから近い。有名な建築家ミマール・スィナンが密かに慕っていたスレイマン大帝の愛娘のためにつくったモスクだという。1565年完成。すごくきれいで繊細だ。ここの公衆トイレのおじさんは心をこめて管理していて、いままでいちばんきれいだった。しかし地下のトイレで過ごす一生とは。

次にカーリエ博物館までも道を聞きながら行ったが、本当に人々は親切である。途中、小さな店の窓際の席でりんごのパイとチャイを飲んだ。つぎつぎ入ってくる客はミートパイを頼んでいる。朝ご飯代わりかなあ。外を通る清掃車の男たちが微笑んで手を振る。道路工事の人に撮ってもいいですか、と聞いても、ニコニコして「どうぞどうぞ」。ホテルで働くお兄ちゃんたちも高給取りとは思えないがポロシャツの襟《えり》をピンと立て朗らかである。それぞれ仕事を楽しんでいるような。

カーリエ博物館ももとは5世紀に建てられたビザンツの修道院、その後イスラーム寺院になった。例によってアメリカのビザンティン研究所が調査し、漆喰をはがしたら見事なキリストの一生などのモザイク画が現れた。現在、ここは無宗教の博物館だ。

また延々歩いてエユップ・スルタン・ジャーミイへ。ここはいってみれば浅草寺、本当の庶民の寺。信者たちは水場で手を洗い、足を洗い、口をすすいでからお参りしていた。境内ではあちこちで甘いものを口に入れてくれた。信者でない身には申し訳ないような。出たところの町角で焼いているドネルケバブを注文すると、2階へ行けという。イタリアも立ち食いは安いけど席に着くと倍以上とられるし、と恐れたが、2階のちゃんとリネンのかかっている席でジャーミイをながめながら食べたのに6リラですんだ。

それからケーブルカーに乗って、ピエール・ロティのチャイハネ（茶屋）に着くころには空は晴れて真っ青だった。金角湾が見下ろせる。フランス人作家ロティは日本についても「江戸の舞踏会」（『秋の日本』に収録）という鹿鳴館を舞台にした紀行文を書いている。これを小説化したのが芥川龍之介の『舞踏会』。フランスの海軍士官で世界中に赴任し、行く先々で紀行風のエッセイや小説を書いた。マイナーポエットだと思っていたが、アカデミーの会員になっている。その彼がいちばん愛したのがイスタンブールだそうで、現地での女性とのゆくたてを語る、ようするにオリエンタリズム（異国情緒）の人のようだ。それでも通りやカフェに名前を残すところを見れば、彼もまたイスタンブールに愛されているのだろう。

このあとも、とにかくバスを乗り継いで町を歩きまわり、ゼイレック・ジャーミイまで何人に道を聞いたことか。この辺は庶民の町で、女性はみんなスカーフをかぶり長い裾を翻《ひるがえ》して歩く。両手に買い物袋をぶら下げたおばあさん、路地を走りまわる子どもたち、どこにでもいる猫、なぜか2階が出っ張った木造下見板張りの家。観光名所はつまらない。こんな下町を歩くほうがいい。たどり着いたジャーミイは改修中で閉まっていた。

そこからローマ帝国時代のヴァレンス水道橋を見て、広いアタテュルク通りを渡り、スレイマニエ・ジャーミイに行ったら、お祈りの時間で中には入れなかった。今日は運が悪い。こりずに付設の有名なハマムに行ってみると混浴で、ガイドブックに書いてあるのと大違い。女性はカップルか家族でなければ入れないと書いてあった。それはイスタンブールが変転めまぐるしい町だからでもあろう。レストランは場所が移ったり閉店したりする。入場料も値上がりする。でもトルコ人は親切で、英語ができない人はできる人を連れてくるし、バスの運転手は同じ停留所で降りる人に「この人を何番のバスに乗り換えさせてやってくれ」と頼む。

タクシム広場に着くとほっとする。横町のレストランは家族経営で、居心地がいい。子連れの日本人女性に会った。

上:ガラタ橋の釣り　中:メヴラーナの踊り
下:木造下見張りの家

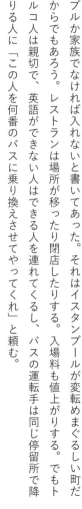

「会社が1年なら休職してもいいというので来ました。19年前に地中海に憧れて来たときは、トルコ人はもっと親切だったんですよ。イスタンブールに日本人は1200人ほど、トヨタの下請けの小さな部品工場なんかが多くて、駐在員ひとりがほとんどです。トルコ派としてはオリンピックはイスタンブールでやってほしかったな。でもどうせ2024年も立候補するでしょう。地下鉄も競技場もそのころまでに完成するでしょうし」

現在建設中のイスタンブールのアジア側とヨーロッパ側をつなぐボスポラス海峡の海底トンネルは、日本の円借款によるものだとも教えてくれた。

オリンピック招致の会議で、負けたトルコのエルドアン首相が安倍首相に駆け寄り、祝福したことを美談と伝えるメディアが多かったが、こういう事情もあるのだ。エルドアン首相は私と同い年の元イスタンブール市長。日本はトルコに原発も売ろうとしているわけだし。トルコの反原発のインテリ層にはそれで対日感情を悪くする人もいるらしい。

10月5日

夜中の12時にやっと近くのホテルのディスコが静かになったと思ったら、やがて拡声器で祈りが始まった、暗いうちにものすごい音が聞こえるのは清掃車だ。だからいつも道はきれい。ただ舗装はでこぼこで、建物の地下へ下りる階段も道に飛びだしてついているから、夜などは気をつけないと落ちる。

昨日歩きすぎて起きられない。10時ごろ、タクシーに乗って、新市街のベシクタシュの土曜市に行く。バスで行きたかったのだが、どうしても乗り場がわからなかった。イスタンブールはどこも交通渋滞である。狭い急な坂道ばかりで、路肩に駐車もしてあり、タクシーはぴくりとも動かない。これを解決しようと、いまは2線しかない地下鉄工事が進捗中。歩いて面白い町ではあるが。タクシーは15リラの約束で、こんなに時間がかかるんじゃあ20リラでも仕方ないと覚悟したが、15リラしか請求されなかった。

市場には買い出しの大きなかごを背負ったおじさんたち。売れもしないパンツをきれいに畳みなおすおじさん、チーズの店だけは行列である。青々とした野菜もすばらしい。プルーンをどうやって買っていいかわからず、3リラ出すとたいへんな量をくれた。つまり150円で2キロはあった。重い荷を背負って今日は観光である。

タクシーに味をしめて、またドルマバフチェ宮殿まで乗った。オスマン・トルコの最後の宮殿で、1923年に共和制になってケマル・アタテュルクがここに住み、ここで亡くなった。けっこうな列ができているが予約なしでも入れそう。うしろに並んだアメリカ人たちの話はたわいない。ホテルやレストランの評判ばかりで退屈。

やっと入ると中は撮影禁止。ガイドブックには「西洋風の宮殿だから見るに値せず」とあったが、トルコがどう西欧を受容したかを見るには絶好のモデルだ。イギリス製のシャンデリア、ヴィクトリア女王やドイツ皇帝ヴィルヘルム2世からの贈り物に見られるヨーロッパとの交流、ドイツの陶器製のストーブ、ロココ風の装飾、中国風の部屋に敷いてあるゴザなど。1921年、照明がガスから電気に変わったというが、いまでも暗い、あまり住み心地がよくなさそうな宮殿である。

出たところのカフェで、トマトスープで体をあたため、晴れたボスポラス海峡をながめた。遊覧船、渡し船、貨物船、豪華客船、タンカー、たくさんの船が行き来する。

タクシーの乗り方を覚えたら、案外、親切だし、高くもない。またタクシーに乗り、軍事博物館にトルコ行進曲を聴きにいく。館にはモンゴルを追われ、中央アジアからボスポラス海峡まで到達したテュルク系民族について詳しい展示があった。そして午後3時からは広いホールで映画の上映とトルコの軍楽隊による演奏と行進がある。モーツァルトやベートーベンにも「トルコ行進曲」があって、私もピアノで練習したことがあるが、それとはまるで違う哀愁を帯びた、それでいて威厳と不協和音のある独特な音楽である。NHKのドラマ『阿修羅のごとく』で、4人姉妹の内面の葛藤を示すときに、この音楽が使われていたのを思い出す。

この博物館はトルコ軍の持ち物らしい。庭には戦車や戦闘機も展示してあり、高校生でいっぱいだったのは、トルコには徴兵制があり、その前に軍隊に親近感をもってもらおうと思ってのことか？　でもあの美少年たちを危ないところへ行かせるのかなあ。

夜、仕事から帰ってきたトルコ研究者の村上さんと本屋をのぞく。ゲジ公園問題に声明を出したアメリカの言語学者チョムスキーの著作もある。レジではこのときのデモで殺された青年の顔写真入りのしおりをくれた。忘れないためにはいいアイディアだが、自分の子どもより若い青年の顔が辛くて見られない。

本屋街とライブハウス街は混ざっており、その1軒でビールを飲みながらまた民謡を聴いた。今日の歌手は長髪の青年で、みんな合わせて歌いだす。有名な恋の歌らしい。

客の長髪のちょい悪風オヤジが太鼓を叩き、客は白いナプキンを両手で振りながら1列になって踊りはじめる。この辺はインテリや左翼が集まる一角で、長髪もまた反体制のシンボルなのかもしれない。

10月6日

日曜日。村上さんの紹介で、トルコの家庭に朝ご飯を食べにいくことになった。

「近くだから歩いていこう」という近くが、坂を下りたり上ったりしてかなりの距離である。アパートの窓のところに野良猫の寝場所をつくったり、水が置いてあったりして、イスタンブールにも地域で飼っている猫がいるらしい。

お姉さんはフランスの名画に出てくる貴婦人のような美人で、銀行に勤めていたという。妹さんはよく動く目を持ったお茶目で活発な感じで、オスマン時代の文学研究者。広いアパートは趣味よく整えられ、外観よりインテリアがすばらしかった。窓からはボスポラス海峡が少し見える。もうひと組の客も、背の高い文学研究者の男性とスレンダーでかっこいいその妹さん。ふたりの大学教授はたくさんの授業と指導学生を持っているようで、私に「大学をやめたあなたはラッキーよ」といった。ふたりとも日本でトルコ語を1年間教えたことがあり、巣鴨や谷中の話がはずんだ。

朝ご飯はごまのついたもっちりしたパン、ミートパイ、各種チーズ、イチジクの甘煮、野菜サラダ、ゆで卵の輪切りなどで、お茶はいくら飲んでもいいのだった。「町中にいたチャイ屋さんがいなくなる。社会学の調査をするならいまよ」と笑う。大学にも出入りのチャイ屋がいて、かつてはゼミのときなど教授が学生にチャイをおごったりしたそうだ。自動販売機やチェーン店「シミット・サライ」などに駆逐されたらしい。

「オーラル・ヒストリーも一時はやったけど、1923年に共和制になったときのことなんか、もういまでは聞けないわね」「私はいま、柄谷行人の本を読んでいるけど難しくて」「『（建築家ミマール・）スィナンの時代（The Age of Sinan）』という本がオスマン帝国を知るにはいちばんいいんじゃないかしら。著者はハーバード大学の教授だけど、トルコ人で夫婦そろってハーバードの教授なんてめずらしいわ」とのこと。

朝ご飯はそのまま昼ご飯になってしまい、私は1時過ぎに失礼して、そこからカバタシュの船乗り場に行き、初めてアジア側に渡ってみることにした。ユスキュダルというベッドタウンはしかしなかなか取りつくシマがなかった。町に入っていく手がかりがない。ぐるっとまわって、ようやく細い坂を見つけどんどん上がっていった。

なるほど。ヨーロッパ側と家も人々の服装も雰囲気が違う。スカーフをかぶり、長いワンピースを着た女性たち。この辺の女性は外で働くことを夫がいやがるそうだ。それでもいい家の家政婦をすると、道路工事などで働く夫より収入があるという。

タクシーに乗りなれると楽で、クズグンジュックという町にも行ってみた。こちらは別荘地の

上：アパートからボスポラス海峡をのぞむ
中：カバタシュの船乗り場　下：ユスキュダルの町

ようで、海際には豪邸が建ち、海がなかなか見えない。今日は日曜日だからか、美しい町並みを背景にウェディング写真を撮るカップルが多い。ようやく海沿いにレストランがあったので、ドアを開けてみたら蝶ネクタイの紳士たちが集う高級シーフードレストランで、もちろん退散。

また船でヨーロッパ側に戻り、今度はバスでオルタキョイという港町に行ってみた。キョイとは村という意味だ。オルタキョイは中村、カラキョイは黒村といった意味らしい。オルタキョイの目抜き通りは原宿みたいだったが、海辺にはクンピルの屋台がいっぱい出ていた。大きなジャガイモをオーブンでほくほくに焼き、切れ目をつけてその上に紫キャベツ、オリーブ、コーン、豆、ソーセージ、チーズなどをぜんぶ載せ、チリソースとサワークリームをかけてある。これをがちゃがちゃと混ぜて食べるが実においしい。

ものすごいボリュームなのに、カップルもちゃんとひとつずつ食べている。私も完食、これ、北海道のおいしいイモでやったらはやるだろうなあ。重たいおなかで、きらめく海をまた見ながら、タクシム広場行きのバスで帰る。大渋滞の道路をバスはかなり乱暴な運転ながらすいすいと行く。この国では信号はあるけれど、赤でも渡って危なくない。しかし青なら安全ともかぎらない。交通事故で死ぬ人はどのくらいいるのかしら。

10月7日

本当は世界遺産のあるエディルネくらい行こうかと思ったが、長距離バスの乗り場までも遠いし、そこからまたバスで2時間半というのでやめにした。だんだん天気がよくなってきたので、今日はマルマラ海に浮かぶプリンスィズ諸島へ行くことにする。

カバタシュまでの朝のケーブルカーは大混雑。おならのにおいは世界共通だなと思う。みんなが帰宅する夕方は蒸れた靴下のにおいがする。

プリンスィズ諸島への船は、朝8時40分を逃したので次は10時40分、風の吹く波止場でコーヒーを飲みながら待つ。チャイは1リラなのに、ネスカフェは3リラ。

ようやく船が出る。座り心地のいい長椅子だ。いくつかの島に寄る。最初の島（クナル島）はアルメニア人のコミュニティがあると聞いたが、人っ子ひとり見えず寂しいので降りなかった。白い建物が山の中腹に整然と並ぶ。季節はずれの別荘地は哀しい。

次のブルガス島で降りたのは私を入れて10人くらいだ。ギリシア人のコミュニティがあるという。静かなのは車がないからだ。交通は馬と自転車だけである。犬は死んだように寝ている。とぼとぼ歩いていると教会があった。「あんた、見たいの?」と手招きした人が別の女性にカギを開けるよう頼んでくれた。ギリシア文字が書かれた扉、中にはイコン（聖画像）。ブーゲンビリアの花咲く緑濃い家々、古い電話ボックス。出会ったおばあさんたちはずんぐりして眉が太くてギョロ目で、ジャクリーン・ケネディと結婚した富豪オナシスの妹みたいだった。

まだ次の船まで時間がある。海沿いの総菜屋で盛り合わせを頼み、海に張りだした白いテーブルでワインを飲む。哀しげなトルコの音楽。エビのゆでたの、茄子のあえもの、海藻サラダ、すべてワインにぴったりだった。ワインもなみなみとそそいでくれてぜんぶで30リラ。いい休日だ。

船は少しずつ遅れている。次来たのに乗って、最後のビュユック島でほとんどが降りた。ユダヤ人のコミュニティがあるということだったが、観光客で混雑してよくわからない。屋台では有名なトルコの伸びるアイスクリームを曲芸のようにまわしている。

5リラで自転車を借りようかと思ったが、デポジットに100リラいるし、ハンドルが私の嫌いなタイプ。悩んだ末、ひとりで観光馬車に乗ることに。シンデレラでも乗るような4人乗りの飾りのあるやつ。

馭者《ぎょしゃ》は「オレはクルド人だ」と胸を張り、私を馭者台に乗せてくれた。景色がよく見える。ひとまわりの長いコースで80リラ、約4000円を1時間で稼げるいい商売。

といっても海の絶景のほか何も見るものはなく、「これがホテルだ、あれは別荘だ、そこは厩《きゅう》舎《しゃ》だ」というくらい。私が聞き書きを手伝っている新潟の絶海の孤島、粟島《あわしま》に景色はそっくりだ。原発なしで暮らせるコミュニティをつくりたいと馬車を走らせようとしている粟島には温泉もあり、夏にはカフェスロー（環境に負荷をかけないカフェ）も開かれる。

3時の船にぎりぎり間に合い、帰るにはまだ早い。アジア側のカドキョイで降りてみる。この町にもレトロなトラムが走っていたから、まず1周乗ってみることにした。繁華街を過ぎればのんびりしたきれいな町だ。とにかくお年寄りが乗ってくると若者は立ち上がり、有無をいわせず腕をとって座らせる。日本ではよく、「譲ったのに座ってくれなくて間が悪い思いをしたので、もう譲る勇気がありません」などという投書が新聞に載るが、このくらいやらなきゃだめだよ。

マントゥの老舗「サイラ・マントゥ」に行ってみる。ゆで餃子の小さなのにヨーグルトをかけて食べる。12リラ。ここでも若いウェイターが胸に手をあて深々とお辞儀して、私から、という感じでチャイをご馳走してくれた。小さな店だが清潔で、トイレなんかピカピカである。その近くの骨董街、魚市場を歩き、総菜屋でムール貝にピラウを詰めたのや、ブドウの葉に肉を巻いた

上：オルタキョイのクンピルの屋台
中：ビュユック島のアイスクリームの屋台
下：カドキョイの市場

のを少しだけ買った。帰りの船からは夕日が見え、ブルーモスクのミナレットが夕空に黒くシルエットになっていた。大型客船の窓の明かりもきれいだった。やがてタクシム広場まで戻ると、アタテュルクの像の脇に三日月よりも細い月が輝いていた。なんだかアラビアンナイトのようである。

10月8日

今日もいい天気だし、ボスポラス海峡のクルーズ船に乗ることにする。ヨーロッパ側のエミノニュという桟橋から10時半に船が出る。あちこち寄るが1日1便なので降りたらあとがない。しかも観光客ばかり、我先に乗りこみ、いい席をとり、人の邪魔をして景色を見ないで写真を撮りまくる。あんなに写真を撮ってどうするつもりかね。それも金持ちの別荘を写して何が面白いのかしら。

イスタンブールが本当に丘になっているのがよくわかる。ここから見える別荘の窓からは、逆に海が見えるということだ。不動産屋で見たら海が見えるということは大事で、そんな部屋がひと月9000リラである。4万5000円くらい。借りたくなる。釣りをする人々、魚のはねる様子、カモメの行方を追っているとボスポラス大橋を経て、ルメリ・ヒサルという海峡が最も狭まるところを通る。ここにはメフメト2世が築いた古い砦《とりで》も残る。波止場に寄りながら、その対面の終着のアナドル・ヒサルの砦に近づくと、海に面したレストランからいっせいに手を振る。うちに来てくださいよう。なかにはイタリアやフランスの国旗を振っている店もある。涙ぐましい努力だ。

まずは昼ご飯を食べる。イワシと赤い小さな魚を炭火焼きにしてもらい、レモンをしぼって食べ、それで白ワインを飲んだ。ただしブルガス島に比べるとワインもケチなそそぎ方で観光地化している。そこから砦まで25分登った。しまった、ワインを飲むんじゃなかった。息が切れる。

上：ビュユック島の馬車　中：馬車からのぞむマルマラ海　下：船から見たブルーモスクのシルエット

途中に近道の表示があってそこを入るとなんだ、レストラン。砦を見たあと、また性懲《しょうこ》りもなくそのレストランで魚のスープを飲んでみたが、たいしておいしくもなかった。

波止場に戻るとさっき網を繕《つくろ》っていたおじいさんが、まだ同じ体勢でやっている。海から見る家々は舟屋を備えていて、丹後半島の伊根に似ている。帰りはもう寒いから船内にいた。まるで鳥のひなみたいな目をした子どもが寝ており、可愛いなあとながめていると、お母さんらしい人が「あんたも子どもいるの？　何人？」と手振りで聞く。3本の指を出して、もう大きいのよ、と背の高さを示すと、「いいわね、3人なんて」と妹らしき人が私の肩をたわむれにぶって、飴をくれた。まあよく日に焼けた。疲れてホテルへ戻り、2時間うとうと。

村上さんと最後のご飯をシシケバブにしようということになった。羊をこんがり焼いたのと、牛肉の薄いのを焼いてヨーグルトだのチリソースだのを載せたの。ただしこの店にはアルコールはない。ちょっと寂しい。「夜景を見ますか」と村上さんはいって、とあるビルに入っていった。エレベーターで7階まで上がると、バーのテラス席からすばらしい灯火に包まれたイスタンブールが見えた。「ここは昼間でもやっているんです」。夜景を背景にふたりでたった1枚の記念写真を撮ろうとしたが暗くて無理だった。

ここで私はずっと気になっていたことを聞いた。「名誉の殺人」がいまもトルコで年間数百人もあるというのは本当ですか？　婚前交渉や不倫は御法度なので、万一そういうことをした娘は、父や兄、ときには母により家族の名誉にかけて殺される。これについて『生きながら火に焼かれて』（スアド著、ヴィレッジブックス、2006年）というヨルダンでの話を読んだことがある。アフリカなどでの女性のクリトリス切除（女子割礼）と並んで、驚愕した本だ。

「殺人はもちろん違法ですが、10年前までその刑は軽いものでした。家の名誉を守るためと殺人を家族にけしかけた親戚たちもすっと手を引いてしまい、悩む加害者も多いようです。最近、加害者にインタビューした画期的な本（アイシェ・ヨナル『名誉の殺人——母、姉妹、娘に手をかけた男たち』朝日選書、2013年）が出ました。この『名誉の殺人』はイスラームの教えに基づくものではなく、古くから地中海地域や南アジアで共有されてきたものです。西洋的な規範に照らして人権問題だと外からいうだけでは変わりません。その内在的な意識や価値観を知らなければ。同性愛の息子を親族が殺した例もあります。妹が病院に行くのに兄がついていくのだって、親切なようですが監視であり、支配を含んだ保護ともいえますね」

でも少し前の日本だって、自分の子どもを煮て食おうと焼いて食おうと勝手だ、といってましたよね、というと、ずっと年下の村上さんは「そんな言葉あったんですか」と目を丸くした。

三遊亭円朝には娘を芸者にして悠々自適な母親や、借金を返せないので娘を吉原に売っちゃう親とか出てきますよ。森鷗外の『雁《がん》』だってお玉さんは親孝行のために妾になるんですからね。

「そうなんだ」

そうすると離婚とかは認められないのかしら？

「いえ、ありますよ。しかし離婚したいといった妻を夫が殺すケースもあるようです。一方で、上流階層では女性も高学歴で西欧化した価値観をもち、女性の国会議員や大臣なども日本より多いですよ」

そんな話をしながら、寒くなったのでホテルに引き上げる。東京では見なくなった石畳の道。「この坂はコンスタンチノープル攻略時にメフメト2世が艦隊72隻《せき》で上った坂といわれています」。驚いた。15世紀、ビザンツ帝国をオスマン・トルコが亡ぼす際、金角湾への進入をはばまれたオスマンの艦隊が、船を牛にひかせてボスポラス海峡側から陸揚げし、坂を越え、一気に金角湾に侵入したのだという。ビザンツ側は仰天して戦意喪失、コンスタンチノープルは陥落した、という話がある。

10月9日

最後の日。午後2時の空港行きバスに乗らなければいけないので、そう遠くには行けない。タクシム広場からなじみのイスティクラル通りと平行する坂道をどんどん迷いながら下りてみることにした。面白そうな店が見えれば曲がってみる。オルゴールの店、銀器の店、クッションの店、リネン類の店、陶器の店、パン屋さんはパン焼き窯をのぞかせてくれ、そこで焼きたてのパンを1リラで買った。日本人に似た店員はバングラデシュから来た人だった。地理的に近いと似ているように思うのか。

2日目に訪ねたカモンドの階段あたりも、少し町に慣れた目にはまったく違うように見えた。イスタンブールのランドマーク、ガラタ塔に登ってみる。晴れた日には市内が360度よく見えるが観光客でいっぱいだ。上から見ると、1～2階は使っていても上の階が廃墟になっている建物も多い。また下におりて、世界で2番目に古いといわれるケーブルカーにカラキョイからテュネル駅まで乗ることにした。そしてテュネルからはレトロなトラムに乗って帰ることにする。

もう満足だ。これでじゅうぶん。最後に3日目の夜にひとりで行った「ラーレ・イシュケンベジ」を再訪。羊のミノ（胃袋）の癖のあるスープをもう一度という怖いもの見たさ。ひげのおじさんは私を覚えていて、やあやあと握手をしてくれる。そう広くないが清潔な店で、入り口にトルコ建国の父アタテュルクの写真がある。今日は厚切りのミノにする。大サービスでごろごろ入っている。このスープの癖をやわらげるにはニンニクオイルを入れてレモンをしぼるのがよい。11リラ。

うわーい、おいしいなあ。調子にのって鳥の炭火焼きも頼む。これもやわらかいキャベツのサラダとレモンが添えられたさっぱりしたもので、量もちょうどいい。おじさんは長い薪《まき》のようなバゲットを左手に持ったまま、ななめにそぎ切りにして持ってきた。去るのが惜しくて私はサフラン風味のライスプディングまで頼んだ。そうするとおじさんは「お茶を飲むかい」とふるまってくれた。

最高な店だ。今回、高級レストランには一度も行かなかったが、こういう庶民が入れる店が好きだ。店内に40年以上続く店のリストがあり、タックス・ヘイブンではなく「テイスト・ヘイブン・イスタンブール」と大書されている。世界3大料理のひとつだもの。私はこの旅で食べた料理の微妙な味わいを思い出していた。

10日間、トルコの皆さんにはたいへん親切にしていただきました。なんでトルコはそう親日なのか。いろんな説がある。

1・トルコの仇敵《きゅうてき》、ロシアを日露戦争で日本が破ったから。

2・1890（明治23）年、紀伊大島沖で座礁《ざしょう》したトルコ軍艦エルトゥールル号の乗組員を紀州の漁師たちが、自分の仕事も休んで捜索・救助し、生き残り船員を看護した。その彼らを明治政府が軍艦を仕立て礼を尽くしてイスタンブールまで送った話はトルコの教科書に載っており、みんなよく知っている。和歌山県串本町に行くと、トルコとの友好記念館が建っており、2002年のサッカーのワールドカップでもこの町をトルコチームは訪ね、決勝トーナメント1回戦で、日本ではなくトルコを応援した町の人もいたと聞いた。

3・この海難事故の際、義援金を集めてそれを携え、1892年にトルコに渡った山田寅次郎という青年がいた。その後十数年、トルコにとどまり、人脈をつくり、貿易の道をひらき、士官学校時代のアタテュルクに日本語を教えたといわれる。アタテュルクはトルコを共和制にした父であり、いまも尊敬されているから、その師・山田寅次郎も現地のテレビ番組などに取り上げられているらしい。山田は上州沼田藩の家老の次男で、1923（大正12）年、奇しくもトルコ共和国樹立の年に57歳で宗徧流第8世山田宗有《そうゆう》を襲名した。関東大震災が起こった年でもある。

そうした事情で1985年、イラン・イラク戦争のさなか、サダム・フセインがイラン上空を飛ぶ航空機の無差別爆撃を宣告し、テヘラン在住日本人が恐怖のどん底にいる際、トルコ航空のチャーター便がテヘランの空港に日本人救出のため姿を現したという。このことはあまり日本では知られていない。

そして2011年、3・11の翌日には、トルコのボランティアが日本に到着していた。

トルコの親日は嬉しいことであるが、ネットなどで見ると、これに「それに比べてお隣りの中国や韓国は……」と続くことが多い。友好の賞賛も時としてヘイトスピーチにつながりかねない。

それにしてもこの山田寅次郎という快男児、面白い人である。1866（慶応2）年、漱石や子規より1年早く生まれ、陸羯南《くがかつなん》や幸田露伴とも親交があり、世界を股にかけて活躍し、57歳でようやく茶の湯の家元になり、それでも煙草の輸入とか製紙工場の経営にかかわり、1957年、私が生まれて3年後に90歳で亡くなったというのだ。1931年には17年ぶりにトルコを再訪し、アタテュルク大統領に招かれたという。山田家代々の墓は谷中霊園にある。

イスタンブールはいままで訪ねた都市でいちばん楽しい町。私にはパリよりロンドンより、ニューヨークよりも面白い。そして、「東京にオリンピックが決まって唯一よかったことは、イスタンブールのオスマン時代の遺跡が壊されずにすんだことさ」という話も聞いた。私は最後にゲジ公園を歩いた。ここで本を読んだり、話をしたりしている人のなかには2013年6月のデモの参加者もいるだろうし、私服警官もいるかもしれない。この運動は貧富の差や不正の根絶を求めニューヨークのウォール街を占拠した市民たち、緊縮政策に抗議してマドリッドの中心部を埋めた人々の声と呼応しているのだろうか。いまゲジ公園抗議デモとは何だったのか、という資料や本が出はじめている。

＊＊＊

その後のトルコ――私がイスタンブールをひとりで訪ねたのは、2013年の秋だった。そのころ、政情が不安定なシリアやイラクと長い国境を接するトルコで、オリンピックを開催するのは無理だという意見も聞かれた。その後、2015年からトルコ国内でもIS（イスラーム国）やクルド系武装勢力によるテロが多発。2016年6月28日にはイスタンブールのアタテュルク空港でも48人が亡くなるテロが起きた。翌年の1月1日にはオルタキョイのナイトクラブで、サンタクロースの仮装をした男が銃を無差別に乱射し、39人が亡くなった。

結局、2024年のオリンピックにトルコは立候補しなかった。それどころではないのだろう。私はニュースを聞くたびに、あのタクシム広場の、イスティクラル通りの、オルタキョイの、親切だった人々を思い出す。1日も早く、テロのないときが訪れることを願う。

ウイグル

スラジディン・ケリムさん

レストラン店主

2014年8月

イスラーム教徒は世界に16億人、いままでパキスタン、イラン、アラブ首長国連邦（UAE）、バングラデシュ、トルコの人々の暮らしに触れてきたが、それぞれまったく文化が異なる。戒律の厳しさも国によって違う。

さて今回は、西新宿のウイグル料理専門店を訪ねてみることにした。西参道という交差点は静かな名前の印象と違って、高速道路が上を通る騒がしい場所である。ところが路地を一本入ると急に静かな町になる。そこにある「シルクロード・タリム」は東京唯一（当時）のウイグル料理のレストランだ。

開店１時間前の午後４時ごろ店に入ると、奥で料理人がせっせと自家製の皮で肉まん（ウイグル語でゴシ・マンタ）をつくっていた。もうひとりの男性が店主のスラジディン・ケリムさんらしい。「掃除するからちょっと待ってね」といって冷たいお茶を出してくれた。

「森さんはウイグルに行ったことがありますか？」

ないんです。シルクロードの旅に憧れているんですけども。今年（２０１４年）、旅を予約したんですが、４月の終わりにウルムチ（新疆《しんきょう》ウイグル自治区の区都）の南駅で爆発事件が起きてキャンセルしました。

「私が生まれたのはあの近くです。ウイグルはユーラシア大陸の中央部にあって、昔から文化や宗教が交流するシルクロードの十字路でした。面積は中国の国土の６分の１、日本の４倍ほどです。人口は何人くらいか知っていますか？」

知りません。何も知らずに取材に来てごめんなさい。

「ウイグル人は１０００万人ぐらいいて、そのほとんどが新疆ウイグル自治区に住んでいます。ウイグルはテュルク系（中央ユーラシアからトルコにいたる地域）の言葉を持つ民族で、アルタイ語系に含まれますから日本語とも文法などが似てますね」

日本には何人くらいいますか？

「東京周辺に１５００人くらいいるといわれていて、最近も増えています。ここからアメリカやカナダに移住する人もいれば、ウイグルに帰る人もいる」

カウンターの上に地球儀がありますね。

「そう、店に来るお客さんが、ウイグルがどこだか知らないことが多いからね。ウイグルは３つの山とふたつの砂漠でできたところです。いちばん北の外モンゴルとの国境にアルタイ山脈、中央に天山《てんざん》山脈があって、そのあいだがジュンガル盆地。そして、天山山脈といちばん南の崑《こん》崙《ろん》山脈のあいだがタリム盆地（タクラマカン砂漠）です。そこにウイグル人にとって母なる川といわれる『タリム川』が流れ、その流域に点在するオアシス都市に人々の多くは住んでいます。『シルクロード・タリム』という店の名前もここからとりました」

長い歴史がありますね。唐の玄宗皇帝のときに安禄山《あんろくざん》の乱（７５５〜７６３年）が起こり、次の皇帝が『回鶻《かいこつ》の国に援軍を求めた』という記録があります。これがウイグルですね。

「ウイグルの歴史は７０００年以上さかのぼることができるそうです。ウイグル人は世界でいちばんいろんな宗教に関わっていた民族でもあって、古くはシャーマニズムとかマニ教とか仏教も信仰していた。だから仏教遺跡もたくさんありますよ。

９〜10世紀ごろからイスラームの信仰が始まって、ウイグル・カラハン王朝のころは、その首都カシュガルがイスラーム世界の中心になっていました。それが18世紀の半ば以降に清がやってきた。1933年と44年に東トルキスタンとして独立国家をつくったのですが、その後、49年から中華人民共和国の支配下に置かれました。

それはウイグルの地の利に理由があると思います。カザフスタン、キルギス、タジキスタン、アフガニスタン、パキスタン、インド、モンゴル、ロシアの8ヶ国と国境を接していますから。ウイグルにはたくさんの資源もある。中国の石油の自給率は5割くらい、その多くがウイグルで出ています。天然ガスの80%もそうです。ウランなど天然鉱物も120種類はあるといわれています」

中国がタクラマカン砂漠ロブノールで核実験をやって、周辺の住民が多数亡くなったり、健康を害しているという報道を見たことがあります。

「あれはまさに東京オリンピックのさなか、1964年10月に始まりました」

そうでしたか。ため息しか出ません。ケリムさんはどうやって日本に来ましたか？

「私は8人兄弟の末っ子です。中学を卒業してから兄貴たちにビジネスを学んで、外モンゴルで貿易の仕事をしたりしていました。絨毯《じゅうたん》とか陶器とかね。でも安定した仕事につかないとと思って、電気の専門学校に行きました。4年かけて卒業したら発電所で働けるはずが、その話がなくなった。働いているのはほとんど漢族で、ウイグル人に仕事はないんです。それで、上の兄の知り合いが日本にいたので、ウイグル以外の社会を見てみようと。

いちばん心配だったのはパスポート。ウイグル人の申請は通りづらいと聞いていたのに、なんと1ヶ月で出て、これには審査官もびっくりしていました。それが2001年、23歳のとき。日本に来たら、日本の文化がウイグルに似ていたんですよ。自分より弱い立場の人がいたら助け上げること。私もいっぱい面倒をみてもらいました。宗教なのか家庭教育なのか、これはウイグルも同じ。

人権について考えはじめたのも日本に来てから。それを初めて感じたのは、銀行のカードをつくらないといけなくて、日本語学校の先生が申請の仕方を紙に書いてくれたときのこと。そ

ウルムチの町並み(2007年)
©Imaginechina/時事通信フォト

のメモを持って銀行に入ると、みんなが『いらっしゃいませ』と頭を下げる。それでびっくりしていったん外に飛びだしたんですよ（笑）。私は市長でもないのになんで頭を下げるんだろうって。10メートルくらい先まで行ってのぞいてみたら、誰にでも頭を下げている。

それでもいっぱいお金をとられるんじゃないかとドキドキしてたけど、案内の人が最初から終わりまで私についてくれて、最後に『ちょっとだけ口座に入れてください』といわれた。そこで私たちはこういうふうに生きられる人間なんだ、死ぬまで日本でがんばろうと思った」

埼玉県の与野学院で日本語を学び、栃木県の作新学院大学を卒業されたんですね。どうして料理店を開いたんですか？

「来日当時、何より食べ物に困りました。私はムスリムですから。開店のきっかけのひとつは今後来る後輩たちとかイスラームの仲間たちに、自信をもってハラールフードを出せる店をつくろうと思ったこと。

それから、大学を卒業したあと、マーケティング会社で働くまでに『日本シルクロード倶楽部』というところで文化交流の活動をしていたとき、ほとんどの日本人がウイグルの存在自体を知らなかったのが悔しかったんです。『モンゴルですか？』と聞かれたりして。なぜ経済が世界で2番目の国の人たちがウイグルを知らないんだろうと。それで、どういうふうにしたら自分たちを知ってもらえるかと思って、まずは食べ物とか美術品とか踊りとか楽器とか、日本人とウイグル人が情報交換できる環境をつくろう、ならばお店だと。

ここを開けるまでに1年くらいかけて物件を探していたとき、ある不動産屋の社長がすっごく努力してくれて、いまの大家さんと契約できました。ちょうどそのころ、ウルムチ事件があって、それが日本のメディアでも報道されて、日本人がウイグルのことを知ってくれたことも大きかった」

2009年7月の大規模騒乱ですね、広東省で漢族がウイグル族を襲った事件への抗議を発端に起きた。逆に日本人に違和感を覚えるところはありますか?

「最近のニュースを見ていると、家族の愛情が薄くなっているようにみえますね。ウイグルは家族の結びつきが強いんです。うちは金持ちじゃないけど、兄弟持ち。私が日本に来るときも、兄貴たちが無理して20万円ずつ出資してくれて、みんなの応援で大学に行けました。父は79歳になりましたが、いまも電話をかけると泣かれます。『帰ってこい』というんです。『兄貴たちが7人も父さんのそばにいるし、ひとりくらい外国にいてもいいじゃないか。祖国になにかあったときはみんなの面倒をぼくがみるから』と慰めているのですが。それに兄貴たちは、子どもたちだけは海外に行かせたいという。そういうときに助けられるかもしれない」

失礼ですが、日本で家族をつくりましたか?

「結婚していますよ。子どもも3人います。いちばん下の子は生まれて40日目。中国では漢族はひとりっ子、少数民族はふたりっ子政策だけど(2015年に廃止された)、私は日本にいるから3人(笑)。妻はウイグルで医科大学を卒業しました。でもやっぱり仕事がない。それで日本に連れてきて、こちらの大学で臨床の博士号をとりました。ウイグル人の日本への留学は1986年ごろから始まりましたが、博士号をとった人数の割合はどの民族より多いんです。彼女もいまは子どもが小さいから家で面倒をみてくれていますが、大きくなったら働けるといいね」

国に帰ることはありますか？

「ありますよ。今年も帰りました。成田から飛行機に乗って、実家に着くまでは日本人が海外に行くときみたいにドキドキする。帰りは成田空港に着いたら、ただいまーという感じ。そうなってしまったんですよ」

それはわかる気がしますね。

ウイグル料理、初めてです。おすすめのものをお願いします。

「前菜もいろいろありますよ。めずらしいのはラム（羊）の舌のサラダ（コイティィリ・ハミセイ）。ラムの胃のサラダ（ケーリン・ハミセイ）もあります。ウイグルで肉といえばラム肉なんです。もともと遊牧民族だったからね。日本人はあまりラムを食べたことがないので、臭みがあるとか先入観をもっている人が多いのですが、食べると『おいしい』といわれます。私も店を出す前は日本人がラムを受け入れてくれるかどうかがいちばん心配で、ジンギスカン屋でアルバイトもしましたし、北海道の屠場《とじょう》にも見学にいきました。いろいろ資料を調べてみたら、日本の肉食文化は150年くらいと長いんですね。それできっと受け入れてもらえると思った。肉はニュージーランドやオーストラリア産を使って、独特の臭みはフェンネルやクミンなどの香辛料を使っておさえています。

お酒も置いています。イスラーム圏の人が日本でお店を出しても、お酒がメニューにないと、1~2年でつぶれちゃう。それも日本の文化じゃないですか。私たちがお茶を飲むところで、日本人はお酒を飲むんですから」

このウイグルのワインはワインというよりまるでシェリー酒みたい。すばらしい。まずはシシケバブですかね。

「ウイグルではシシカワブといいます。トルコと同じように、ラムを串に刺して焼いたものです」

おいしい。さっぱりしてやわらかいです。でもやっぱりラム特有の香りもしますね。次は何を食べましょうか。

「ウイグル料理といえば肉料理のほかに麺料理。遊牧から農業に変わった時点で雨が少ないから小麦粉しかつくれなかったんです。これがラグメン。小麦粉と塩と水とウイグル人の体力だけでつくる手打ち麺で、ここに肉と野菜を炒めたものをかけて食べる。これが中国ではラーメンになって、西へ行ってパスタになった。ウイグルは麺の発祥の地なんですよ。トルファンで数千年前のラグメンの化石も出ています。その昔、日本の四国に生まれ苦労して長安に行った人が、ウイグル人につくり方を聞いて、日本に持ち帰ったと聞いたことがあります。日本人は体力がないから手打ちじゃなくて足で踏んで、手で伸ばせないから包丁で切るようになった（笑）」

空海のこと？　じゃあ讃岐うどんかな？

「そうです。ラグメンは振りながら伸ばすという意味で、腕でぶるんぶるんとまわす。その調理法も見てもらいたくて、オープンキッチンにしました。シェフはトルファン生まれで、中国の調理師資格取得者のグプルジャンです。ウルムチの一流ホテルで働いていたのを、ここが開店するときに頼んで来てもらいました」

しこしこしてこれはおいしいなあ。あとひとつくらい入りそうです。

「じゃあ、パイはどうでしょう。ゴシ・ナンというひき肉入りのと、カボチャ入りのタリム・カワ・ナンとがありますが」

カボチャ入りをお願いします。

こんなふうにケリムさんは料理について面倒くさがらずに教えてくれた。

これからどんな店にしていきたいですか？

「ウイグルの文化を知ってもらえる店、ウイグル人が困ったら頼れる店。旅行や出張で中国の内陸に行ったことのある日本人のほかに、後輩たちもよく来ますよ。実は今年、日本の永住権がとれたんです。だから日本へのありがとうの気持ちで、後輩たちも教育しています。日本は私たちを認めてくれている。だから絶対犯罪をおかさないようにと。部屋探しとかアルバイトとかお金で困ったことがあったら、この店に来なさいと」

若いケリムさんだが、さすがに困難を突破して来日し、裸一貫、事業を興した人だけのことはある。この若さでこれだけ独立自尊、頼れる兄貴はいないだろう。お店に背の高い、知的な感じの女性が入ってきた。この店で働きながら学んでいる留学生だという。やわらかい表情だった。

上:ラグメンをつくるグプルジャンさん

ウイグルレストラン シルクロード・タリム
新宿区西新宿3-15-8-103
平日 17:00-24:00 土日祝 12:00-24:00
(祝祭日以外の月曜定休)
http://www.oasis-tarim.com/

ジンギスカンたりむ
新宿区四谷1-1-6　アーバンビルサカス17 2F
17:00-24:00
http://www.jingisukan-tarim.com/

「これからもウイグルの文化を守り育てたいです。いま中国は同化政策で、教育もほとんど中国語でやっていて、ウイグル語を話せる子どもが少なくなっていくかもしれません。家庭で教えようと努力してるけど、それもお父さんお母さん両方が仕事をしていたら難しい。ほかにもスカーフをかぶっちゃいけないとか、ひげを伸ばしたらだめとか、宗教的にも集まって礼拝してはいけないとか、ウイグル人は息もできなくなっている。天然資源を利用したり、投資して新しいビルを建てるのはいい。でも文化だけは残したい。教育がこうなった民族の将来はどうなると思う?」

日本ではかつて台湾や韓国など植民地で日本語を強制、アイヌや沖縄など少数民族の文化も失わせ、その他の地方でも標準語を強制して方言を半ば消滅させました。そんなことになるのではないでしょうか?

ケリムさんはうなずいた。

広い中国を統一しようとすると大きな権力、中央集権が必要になる。中国を支配した王朝はいつも辺境の民に対して苛斂誅求《かれんちゅうきゅう》だった。それぞれの民族がその文化を尊重しあえる日はくるのだろうか?

＊＊＊

その後のケリムさん——中国が推し進めるアジアとヨーロッパを鉄道でつなぐ「一帯一路」

構想。ウイグルはその要衝の地であり、漢族の流入がいまも続く。日本でウイグルの文化を伝えるケリムさんは2016年、来日当初働いていた渋谷のジンギスカン屋さん時代の仲間と、JR四ツ谷駅から歩いてすぐのところに「ジンギスカンたりむ」をオープン。いまも西新宿のウイグル料理専門店は盛況だが、イスラーム圏の旅行者から日本風の料理もハラールで食べたいとの声が多くあったこと、また、ラム肉の文化を日本にもっと広めたいという思いから2店舗目を開店した。

アイスランドのラム肉（とオーストラリアのハラール肉）、北海道産の野菜と、食材にもこだわっているこの店は、東京都などが2016年に初めて作成した「TOKYO MUSLIM Travelers' Guide」に、日暮里の「レストラン・ザクロ」とともに掲載された。ハラール対応の飲食店のほか、ホテルやモスクが載っているこのパンフレット、「宗教が違う日本でここまでやってくれるんだ、と旅行者はみんな喜んでいるよ」

シリア

ガザール・イサームさん

石けん販売

昔、ユネスコ村という世界のミニチュアハウスが並んでいる遊園地があった。そこで、シリアの家を見た。白い家だった。ダマスカスが首都であることも知っている。しかしずっとその国のことは意識にのぼらなかった。2011年、シリア内戦始まる。アサド政権と反体制派による武力衝突が起こり、そこにIS（イスラーム国）なども加わって、混乱に拍車をかけている。そして2013年、トルコのイスタンブールがオリンピック招致に負けたのは、国境を政情不

2014年11月

安定なシリアと接していることも一因だといわれた。シリアって何なんだ？

シリアの北西は地中海に接し、北はトルコ、東がイラク、西にレバノン、南がヨルダン、南西がイスラエルという実に複雑な地理をもつ。アラビア語を話す。長い歴史のなかで支配王朝は次々と変わった。紀元前6世紀以降、アケメネス朝ペルシア、セレウコス朝シリア、ローマ帝国、ビザンツ帝国（東ローマ帝国）、ウマイヤ朝（イスラーム国家）、セルジューク朝（トルコ系）、十字軍国家、アイユーブ朝（クルド系）、モンゴル帝国、マルムーク朝（エジプト系）、オスマン・トルコなどの支配下にあって、１９２０年、シリア・アラブ王国として独立した。しかしその後すぐにフランスの委任統治領となり、最終的に独立を果したのは１９４６年、第2次世界大戦後のことである。

シリアのことを知りたい、と思っていたところ、港区芝公園の東京プリンスホテルで行われた「アラブ・チャリティ・バザー」にシリアのブースがあった。そこで美しいショールを買った。工芸品をすすめておられたのが元在シリア日本大使夫人、天江蓮美さん。その紹介で、シリア出身でアレッポ産の石けんとカサブ村の石けんを広めているガザール・イサームさんとお会いすることができた。ガザールが姓で、イサームが名前である。ドアを開けてくれたガザールさんはちょっと緊張した面持ちであった。

「シリア内戦の原因を聞かれても、ことはそう簡単ではないんです。ジャーナリストも政治家もなかなか本当のことをいいません。口をつぐんでいる。私も向こうに家族がいますし、個人的に話すぶんにはいいのですが、こういう場では政治についてあまり具体的なことは話せないかもしれません」

では、ガザールさんの人生とお仕事のことでも。

「それはシリアの歴史や政治と関わることなので、それだけを切り離すとまったく意味のないものになってしまう。求めると求めざるとにかかわらず、国のあり方と個人の生き方は結びついていています。

なぜ中東が現在のような情勢になったのかも、9・11までさかのぼってもみえてこない。どこまで戻ればいいかというと、イスラームが始まったときからすべてが始まっているんです」

ガザールさんはイスラームの始まりのところから語りはじめた。

「ムハンマドはアラビア半島のメッカで生まれ、商人となり、年上の女性ハディージャと結婚して、6人の子をもうけました。ヒラー山で瞑想に耽っていたときに天使ジブリールから啓示を受け、預言者として目覚めますが、多神教を信じ、既得権益を持っていたメッカの有力者に迫害され、622年、メディナに移ります」

ムハンマドがつくったイスラーム共同体はその後、またたく間に広がっていきますね。

「『コーランか剣か(信仰か戦争か)』という野蛮なイメージは、アフリカの地中海沿岸からバルカン半島までもがイスラーム圏になったときに、脅威を感じた西欧諸国が植えつけたイスラーム像です。

たとえばシリアはビザンツ帝国、すなわち白人の支配下に長くありました。そのとき税の取り立ては厳しく、庶民は重税に苦しんでいた。しかしイスラーム系、たとえばオスマン・トルコが入ってくると、税は1割、イスラームに改宗すればそれに加えて、2・5％の喜捨ですむ。改宗も強制されず、帝国は住民の安全を保障しました」

イスラームは解放者だったと。ガザールさんの生まれはダマスカスですか？

「私はダマスカスの郊外45キロのところで生まれました。シリアはモザイク国家のようなところで、うちの隣りはクルド人でしたし、親友はキリスト教徒、近所にはユダヤ人の家族もいました。いまも国内の10％がキリスト教徒、1％ほどがユダヤ教徒で、イスラーム以前の文化——同じ歌、同じ踊り、同じものを食べて、共生しています。結婚しても妻がほかの宗教のままでもいいのです。こういう環境で育ったので、私には民族意識、ナショナリズムというものはそうありません」

中東で紛争が多いのはどうしてなのでしょうか？

「物事には必ず裏がある。15世紀になるとスペインやポルトガルが中南米を植民地化したのに続き、イギリスとフランスがアジアやアフリカなどで覇権を争いました。オスマン帝国が崩壊するとすると西欧はその領土を分割し、シリアにしてもエジプトやイラクにしても、みんな一度は列強の植民地支配下におかれた。そして、撤退をするときにも、自分たちのいうことを聞く独裁者を据えました。

やがてアメリカが世界の最高権力者となり、中東に介入します。この国は戦争中毒でもあって、戦争を起こさないと自国の経済がまわっていかないシステムをつくりあげてしまった。バチカンがイスラームを宗教として認めたのはやっと1960年代のことですが、これも石油が狙いです。そうした歴史のひずみが争いを生んでいる」

「アラビアのロレンス」として知られるイギリス人トーマス・エドワード・ロレンスなども、オスマン帝国へのアラブ人の反乱を支援し、独立に協力した人物のように描かれていますが、実際はイギリスの諜報員で、イギリスの国益を第一に考えたといわれていますね。

「彼は第1次世界大戦のときにイギリスのダマスカス占領に重要な役割を果たします。『ダマスカスを支配するものが世界を支配する』といったのも彼でした。オスマン帝国の時代、ダマスカスは宗教的にも、貿易においても、イスラーム世界の中心地だったんです。

オスマン帝国解体後も、欧米のアラブへの介入はまだまだ続きます。その最たるものが、第2次世界大戦後の1948年、シリアと同じように、イスラームとユダヤとキリスト教徒が共存していた土地から、パレスチナ人を追いだして、イスラエルというユダヤ人国家の建設をあと押ししたことです。それはないでしょう。それからはパレスチナ人＝テロリストとされて、パレスチナ人の存在が認められたのはやっと1993年のオスロ合意のときです。現在の世界の問題の大半はパレスチナの問題が解決されれば、解決すると思います」

9・11にしてもニューヨークの世界貿易センタービルに飛行機が突っこんだ映像ばかりが繰り返し流され、ムスリムがテロリスト予備軍であるかのように報道されました。「ムスリムをことさらに悪く、下品に描く映画やテレビ番組もいまだに多いんです。アメリカではターバンを巻いたインド人のタクシー運転手がムスリムに間違われて、殺される事件も起きました。

1991年の湾岸戦争でも、アメリカは見せたい映像だけをテレビで流し、西側の人々はテレビゲームのような感覚でひとごとのように見ていた。しかしあの爆撃の下にたくさんの市民が暮らしていたんです。

アメリカ側につかないと、イラクのように『大量破壊兵器』があるとして攻撃される。結局、いくら探しても見つかりませんでした。その2003年のイラク戦争では世界の80%が、フランスやドイツまでも開戦に反対したのに、アメリカが押しきった(日本は追従)。いまもいくらイスラエルがやりすぎだと訴えても聞き入れられない。国連という組織も結局、大国の利益のためのもので、アメリカが拒否権を行使すればそれでおしまい。

国連はISにはすぐに非難決議を出しましたが、一方で、シリアの内戦であらゆる兵器が使われ、2012年に2240万人だった国民のうち、20万人以上の犠牲者(当時。現在は50万人近い死者が出たとみられる)と国内外に700万人もの難民が出ているのに、それは無視されている。シリアには石油が少ないからです」

イスラームの側から世界史を見るとそうなるんですね。目から鱗《うろこ》が落ちるような話です。いまはＩＳが悪の権化、野蛮なテロリストとして報道されています。

「人質を処刑するところばかり報道されますが、オバマ政権は無人機を使って、パキスタンでこれまで数百人の民間人を殺しています。9・11のあとのアメリカによる報復爆撃でも、イスラーム圏で１００万人以上の市民が犠牲になっている。それは残虐なことではないのでしょうか。

イスラームのなかでも、ビン・ラディンはやりすぎだと非難している人が多かった。ＩＳが砂漠とはいえ、どうしてあれほど広い地域を支配できたかということですが、それは結婚式や葬式に爆弾を落とされ、家族をアメリカに殺された市民が支持しているからです。

もちろん私は彼らの行動を支持しているわけじゃないけど、ＩＳの、たとえば女性を抑圧しているところなんかはサウジアラビアも同じなんですよ。でも後者には石油があって、アメリカ側についているからよしとされる。

ＩＳの戦士は2万人ほどだそうです。そのなかにはアブグレイブ（イラク）やグアンタナモ（キューバ）の刑務所でアメリカ軍にとんでもない拷問を受けた人々や、その子どもたちがいる。彼らは殺されるぎりぎりまで残酷な拷問を受けたから、何度も死んだのと同じなんです。

そういう人は釈放されても、仕事もないし、未来に希望がもてません。アメリカへの憎しみだけはもっている。あとは自分が死ぬことなどなんでもない。復讐するだけです。ＩＳを力で押さえつけても、状況がよくなることはないでしょう」

そういう行動を支持はしないが、気持ちは理解できなくもないということですね。

「彼らを過激派に育て、こうした状況をつくりだしたのは石油と軍事力と金融システムを温存しようとするヨーロッパやアメリカです。金と権力を守るために戦争しつづけないとアメリカの株価が下がる、それと日本の株が連動している。そういう構造になっているんです。それはまるでムハンマドを迫害したメッカの人々と同じです。歴史は繰り返すものだと思いますね。

白人の権力者の多くは白人以外の人間をセカンドクラスと見ています。太平洋戦争で、日本人は人間じゃない、『黄色いねずみ』だと思ったから、世界に自国の力を見せつけるために、平気で広島と長崎に原爆を落とした。戦争を続けることにより犠牲となる、より多くの国民を守るためだったといいますが、その前にすでに勝負はついていた。人種差別があったのは確かです。同じ敵国でもイタリアやドイツには落とさなかったでしょ。

パール・ハーバーだって、アメリカは知っていてやらせ、一挙に世論を開戦にもっていった。国民に恐怖を与えることで戦争を支持してもらえれば、予算もつくし、政権は安泰、武器をつくる企業も儲かる」

アメリカに渡った日本人移民たちも差別され、収容所に入れられ、悔しい思いをしてきました。第2次世界大戦では日系人やヒスパニックなどマイノリティがアメリカ兵として戦わされましたね。

「昔は黒人もそういう扱いを受けました。歴史は繰り返しなんです。それがいまはムスリムで、フランスの学校ではブルカ（スカーフ）の着用が禁止された。あれはもともとイスラーム以前の文化なんです。暑い砂漠地帯の日差しを遮《さえぎ》るために使いはじめた。日本でも、夏に黒くて長い手袋をはめた女性がいますよね（笑）。

私はけっして反欧米というわけではないんです。若いころからマイケル・ジャクソンやマドンナやＡＢＢＡを聴いて育ち、ユダヤ教やキリスト教徒の友だちもたくさんいる。多くの中近東の人も同じで、アメリカの文化に憧れながら、複雑な思いをもっているんです」

ガザールさんが生まれたのは何年ですか？

「１９６６年です。父はその翌年、私が１歳半のときにイスラエルとの戦い（第３次中東戦争）で戦死しました。ぼくのあとに赤ん坊の妹もいたんですが、母は5人の子どもをたったひと部屋しかないところで育てた。ハフェズ・アル＝アサド政権が成立したのは１９７１年のことです。現大統領の父です。ぼくは8歳から働いた。学校はお昼までしかありませんから、帰ってから、近くの工場で簡単な部品の仕分けをしたり、夏休みももちろん仕事。上の兄はイスラエルがレバノンに侵攻したときに戦死、下の兄も怪我を負った。そのころは反政府運動もあったので、町を歩いていてもあちこちで訊問されて怖かった。子どもだから、ＩＤカードもありませんし。

15歳になって中学を出るころ、先のことを考えますよね。ぼくにとっては未来が期待できるものではなかった。輸入が禁止され、食べ物もろくに手に入らない時代でした。ぼくは車の修理を覚え、大型機械なども動かしたりなおせるようになりました。大学まで行こうかと思ったけど、大学を出ても仕事がない人をたくさん見たので、それはやめた。シリアではサンドイッチの店をひとつやるのでも賄賂やコネが必要です。そういうのが嫌いなんだ。

パレスチナのデモをテレビで見てうらやましかった。彼らは少なくともデモができる。それにジーンズでもなんでもぼくたちよりいいものを履いていた。どこかもっと息のできる国に出たかった。それはいままでイスラームを痛めつけた欧米ではない。日本のことはスズキとホンダくらいしか知らなかったけど、戦争でおおぜいの人が亡くなって、資源もないのに、壊れない安くていいものをつくっているというイメージがあって、日本に来たのがちょうど日本がバブルだったころです」

ガザールさんが20代のときですね。

「日本は労働力をほしがっていました。でも言葉を話せないのでは望む仕事はありません。建設現場の下請け、解体の仕事などもしました。怪我をしても健康保険もないから病院へ行けない。われわれはそういう意味で使いやすい、いつでも首を切れる労働者だったんです。やっぱり言葉ができないとだめだと、現場に行く車のなかで『ジャパニーズ・フォー・ビジー・ピープル』というテープを聴いて、独学で勉強しました。

日本語の勉強を始めて、救われたんです。パレスチナを支援しているNGO、アラビア語を勉強している人、大学の先生などにも出会い、大使館の仕事を手伝うようにもなった。でも当時の日本は組織ができあがっていて、日本人で学歴エリートでなければどんな組織でも上のほうへはいけない。ぼくは人の3倍働いたけど、サラリーは同じか、仕事のできない日本人より少なかった。それで見切りをつけていったん国に帰りました。

帰る前に、ボランティアで日本語を教えてくれていた人にすすめられて、日本語検定の試験を受けたんですよ。私は日本を離れるし、意味がないと思ったけど、一生懸命教えてくれた人に恩を感じて、受けた。そしたらシリアに帰国後、観光の仕事を始めた私に、大きい封筒が届いた。2級の免状、その1枚の紙がその後の自分の人生を変える大きな力になりました」

観光の仕事をしているときに美紀子さんと出会い、結婚なさったのですね。いまはガザール美紀子さん、途中から話に加わってくださった。

「私は北海道の出身で看護師をしていました。もともと旅行が好きであちこち行っていたんですが、シリアの都市遺跡パルミラに行きたくて、友だちとふたりでツアーに申し込んだら、それを企画していたのが彼だったんです。

日本に帰国してからもやりとりを続けるうちに、もう一度シリアに行ってみようと。それで仕事をやめて、彼と結婚し、ダマスカス大学の語学センターに半年くらい通いました。そのころのダマスカスは治安もよかったし、物価も安くて、アラビア語を勉強したい人がたくさん来ていた。私はイロハもわからない初心者、日本人留学生からいっぱい教わりました。やがて長男が生まれました」

ダマスカスで出産したのですか？

「いえ、北海道に里帰りしましたが、1ヶ月の赤ん坊を抱いてダマスカスに戻りました。彼のお母さんは、大事な息子の嫁ですから、いろいろいいたいこともあったでしょうが、日本人だからと大目にみて、よくしてくれました。子どもをみていてくれたので、子どもが1歳になったころ、日本人スタッフを募集していた在シリア日本大使館に勤めはじめました。そこにいらしたのが天江喜七郎大使で、ご夫妻ともどもシリアが大好きで、文化交流に熱心でした」

インタビューには天江蓮美さんも駆けつけ、ちょっとだけ話に参加してくださった。

「駐日フランス大使をつとめたポール・クローデルは『世界にはたぐいまれな美しい都が3つある。それはローマとダマスカスと京都だ』といっています。私は2000年から3年間、ダマスカスのイスラーム教区に住んでいましたが、クローデルの言葉のとおりでした。数千年の歴史のある世界遺産の町並みのなかに平穏な日々の営みがあって、古代文明が栄えた栄華の余韻を伝えていました。私はいま京都にいるのですが、金襴緞子《きんらんどんす》の「緞子」の語源がダマスカス（ダマスク）と知り、京都の西陣とダマスカスがシルクロードでつながっているようで、嬉しく思っています。

シリアはイスラーム教国でありながら、社会主義国家でしたので、宗教上の制約はゆるく、社会に進出して要職につく女性が日本より多くいる印象を受けました。私自身、自分で車を運転し、どこでも自由に出かけ、さまざまな活動に従事できました。

最近のシリアの現状には心が痛みます。いまは『ダマスク・ローズ』という団体をつくって、シリア難民の支援活動をしています。もちろん、眉毛も抜けるくらいのシリアの乾燥に悩まされて以降、私もカサブ石けんを愛用しています」

途上国に任命されて文句や現地の悪口をいう外交官もいると聞くが、こういう真摯な大使夫人もいるのか。特権階級のように思っていた外交官への偏見が少し減った。


状況がこうなる以前はダマスカスへの観光客も多かったのでしょうね？

ガザールさんが首を振る。

「英語もできたので、はじめは欧米人向けのツアーも企画していました。でもシリア人で日本語ができる人はめったにいないから、だんだん日本人専門になって、日本の商社や大使館のお手伝いもするようになった。しかし、やがて隣りのイラクにアメリカのミサイルが降ってきた。それで中近東は危ないということになって、ツアーの申し込みがキャンセル、観光の仕事は成り立たなくなりました。

そのころ、独裁体制のなかで生きていくのに限界も感じていた。また国を出るしかないと思った。石けんは日本人のシリア土産として人気で、これを日本で売ってみようと」

やっと石けんの話に到達しました（笑）。どんな石けんなのですか？

「商業都市アレッポというところが発祥の、シリアで日常的に使われているオリーブ石けん『ハラブ（ハラブはアレッポのアラビア語名）』と、より稀少なバージンオリーブオイルと月桂樹のオイルを混ぜてつくった『カサブ石けん』を主に扱っています。

オリーブはイスラームでは神聖な木で、石けんをつくったのはアラブ人ともいわれ、どちらも1000年以上の歴史がある。自然界のもの以外は使っていないので、これで顔も体も髪の毛も洗えます。市販の普通の石けんには合成界面活性剤、香料、着色料、保存料まで入ってい

上：ダマスカスのアゼム宮殿　下：都市遺跡パルミラ（いずれも1997年）
©Tokakushodo

て、シャンプーなんかは60％近くが水分で残りは薬品といっていい。アトピーはそうした化学物質の入った石けんを使うようになって生まれた現代病なんです」

私も乾燥肌で、最近目のまわりがアレルギーで赤くなってしまいます。前に居酒屋のママにアレッポの石けんをいただいたのですが、大きすぎて。

「大きいのはレンジで少しあたためて、小さく切って使うといいですよ。オリーブ独特のにおいが粘土みたいだなんていう人がいますが、じゃあ市販の石けんのにおいはなにかというと、化学香料ですから。私たちはこれに加え、独自にカサブ石けんを千葉の工場でつくっています。シリア北西のカサブ村の工場が内戦で破壊されてしまったので、原料だけ輸入して」

２０００年に夫婦で「クロスロードトレーディング」という会社を立ち上げ、生協を通じて広め、インターネット通販もやっている。「もともと『十字路』という名前にしようとしたら妻が『古くさい』というんです（笑）。いま日本に入ってくるのは戦闘のシーンばかり。そうではなく、シリアにはすばらしい文化もあるということを、石けんというものを通じて、知ってもらいたいんです」

インタビュー以降、私もチャリティ・バザーで買ったカサブ石けんを使いはじめた。眼に入るとしみるが、これひとつで洗顔、髪の毛や体を洗うのにも使える。よけいな皮脂をとらないカサブ石けんで洗ったあと、モロッコのブースで買ったアルガンオイルを薄くなじませる。化粧をしない私はこれでじゅうぶんだ。

ガザールさんの明快で悲痛な話を聞いて、あらためてダマスカスやアレッポの町が無事であることを祈らずにはいられない。

＊＊＊

その後のガザールさん——国際社会の介入後もなお、混乱と「無政府状態」が続くシリア。ＩＳの勢力は弱まってきているとされるものの、アサド政権を維持したいロシア、態度を二転

上：かつてのシリア・カサブ村の工場
下：トルコ・ガジアンテプの工場。製造はすべて手作業で行われる　©Cross Road

クロスロードトレーディング
ハラブ石けん（本体価格500円～）のほか、カサブ石けん、ローズオイルなども販売
http://crosroad.com/

三転させているアメリカなど各国の思惑が入り乱れるなか、多くの町が破壊され、ガザールさん（現在は帰化してガザール勇さん）の親戚も10人ほどが内戦の犠牲となった。同じシリア人と戦うことになる兵役を逃れるため、若い世代は途中、ゴムボートなどを使ってヨーロッパに逃げたという。高齢のためシリアに残ったお母さんには毎日連絡を入れているが、「（危ないから）来てはいけない」と帰国は止められている。いまとなっては国を出たくても受け入れ先がなく、「そこで生きのびるしかない」人たちも少なくない。

ガザールさんと一緒に仕事をしてきたアレッポの石けん職人たちは、比較的早く2013年から翌年にかけてアレッポから130キロほどのトルコ南部ガジアンテプに避難。現地で工場をつくり、同地のシリア難民も新たに加わって、石けんづくりを再開した。幸い気候なども似ていて、「よりよい商品がつくれるようになった。日本のお客さんからも応援のメッセージをたくさんもらって、本当に嬉しい」

私は2017年に旅したパリで、町角で物乞いするシリア人女性をたくさん見た。切ない風景であったが、難民を受け入れているだけ、フランスはましなのかもしれなかった。

インドネシア

ティニ・コドラットさん

舞踊家

2015年1月。娘さんと

東小金井という駅には降りたことがない。1月の朝、吐く息も白い。JR中央線もこの辺まで来るとビルは少なく、緑が深い。小金井市立東小学校に向かった。校内に大きな桜の木がある。江戸の昔、小金井といえば桜の名所であったことを思い出した。

この学校では「地Q人」クラブという親の会が子どもたちに国際的な触れあいを提供している。近くには農工大、学芸大、ICU（国際基督教大学）などがあり、留学生も多く住んでいる。

ボランティアの方に聞いた。

「国際交流というと、『私、英語ができないから』と尻ごみしてしまう親が多いのですが、対象はもちろん英語圏だけではありません。いままでに40ヶ国を超える外国人に講師をお願いしています」

今日は子どもをここの小学3年生に通わせているインドネシア人、ティニ・コドラットさんが中心となって、2年生の3クラスにインドネシア舞踊を見せる。子どもたちが入ってきた。黒板はインドネシアのろうけつ染めの布、バティックで飾られている。歓迎と祈りの踊り＝南スラウェシの「パドゥパ」、クジャクの踊り＝中部ジャワの「ムラック」と続き、最後にティニさん自身が東ジャワの「プンジャリ」を仮面をかぶって踊った。中腰で、腰を揺らして強調する。目がよく動く。指の先がよくしなって、1本ずつ別物のように動く。首も前後左右によく動く。子どもたちは息をつめて見ていた。

授業は2時限ぶんだから、2年生にはやや長い。長いが飽きさせない。最後にティニさんからインドネシアについて、フランクな、わかりやすい説明があった。

「みんな、インドネシアはどこにあるか知っていますか?」

「インドネシアはね、赤道の真下にある、とっても暑い国なんだよ。1年中半袖です。でも日本の真夏に比べると、乾燥していて過ごしやすいよ」

「インドネシアには冬がないの。私は日本に来るまで雪を見たことがなかった。インドネシアの人はみんな日本に行って、桜や紅葉を見たいと思ってる。だけど日本まで飛行機で8時間もかかります。遠いよね。それに飛行機代も高いです」

「インドネシアにいくつ島があるか知ってる？　なんと1万3000以上あるんだよ」

地図を前に、スマトラ島、ジャワ島、カリマンタン島（ボルネオ島）など大きな島を紹介する。

「人口は何人いると思う？」子どもたちから8000万人とか、1億人とか声が飛ぶ。

「正解は約2億5000万人、中国、インド、アメリカの次に多いんです。世界で4番目。面

上：プンジャリを踊るティニさん　下：奥山ウィウィさんとスリー・ハルティニンシさんと

インドネシア舞踊講座「Duta Melati」
http://www.dutamelati.com/

積は日本の約5倍。300以上の民族がいて、500種類以上の違う言葉を話しています。だからみんな自分の民族の言葉と、共通語のインドネシア語ができるの」

子どもたちが興味をもちそうな話をつぎつぎ繰りだしていく。

「そして90％近くがイスラーム教徒です。先生もイスラーム教徒。でもテロはやらないよ。あれはイスラームの教えとは違います。イスラームは困っている人がいたら助けます」

時事ネタも入れて、子どもの関心に上手に応えた。

ここで子どもたちが両手に茶托《ちゃたく》をもって、事前に練習した踊りを披露した。

「みんな上手に踊れたね。これは、本当はお皿を持って、収穫のときに、早くおいしいご飯が食べたいよ、といって踊る踊り、西スマトラの『タリ・ピリン』です。インドネシアではひとつのお皿にいろんなおかずをのせて食べます。ご飯も魚のフライもスープも揚げせんべいも」。えー！　という声が上がる。「それをかき混ぜて食べる。『チャンプール』というのはインドネシア語だよ」。今度は私がえー！　と思った。あれは沖縄の言葉ではなかったのか。

「ご飯は『ナシ』、炒めるのは『ゴレン』、炒飯はつまり『ナシゴレン』。じゃあ、『ナシチャンプール』は？　そうだね、混ぜご飯のこと」。吸収のいい子どもたちはすぐに言葉を覚えてしまう。ナシゴレン、ナシゴレンとあちこちで反復する。

ありがとうは「テリマカシ」、どういたしましては「サマサマ」、おはようは「スラマット・パギ」、こんにちはは「スラマット・シアン」

最後に、インドネシアの木琴のような、竹を組み合わせた打楽器アンクルンで「大きな栗の木の下で」を合奏した。生徒たちがそれぞれ異なる音程のアンクルンを持つ。みんなその場で初めて手にしたのに、ちゃんとメロディになっている。やわらかい心地いい音がした。

給食のチャイムが鳴り、おいしそうなにおいが漂ってきた。「いつかみんな、インドネシアに遊びにきてくれるかな?」「はーい」「テリマカシ」「サマサマ」。みんなで覚えたてのありがとうをいって国際授業は終わりになった。

あと片づけをして、化粧を落とし、着替える。クジャクの踊りは西ジャワ出身の奥山ウィウィさんと、スリー・ハルティニンシさんが踊った。あとはPTAのお母さんや「地Q人」のボランティア、舞踊のお弟子さん。きれいなインドネシアの衣装を身につけ、アイシャドウやつけまつげも使って変身したのが楽しそうだ。

「学校の協力で各学年で年に1回はこうした授業をやっています。北欧の人が炭酸ソーダ入りのパンケーキを焼いてくれたこともありました。これとは別に、放課後にも年5回のプログラムがあります。地域でも『地Q人を探せ』といって、お祭りで5人の外国人を探し、その国の『こんにちは』を教えてもらうゲームをしたことも。いろんな国や文化や言葉があるということを知ってもらうことで、子どもたちは外国人を見ても構えなくなります」とボランティアのお母さん。

お茶を飲みながら、お菓子を食べながら雑談をしていると、もう1時過ぎになっていた。ティニさんはきれいな薄紫色のヒジャブを頭に恰好よく巻き、衣装を詰めたスーツケースを引いて、「お昼を食べましょう」と駅に近いネパール・カレー屋さんに案内してくれた。

いくつのときに日本にいらしたんですか？

「私はジャワ島の古都ソロ（スラカルタ）の出身です。12歳のときに、両親と兄と姉ふたりと、船舶関係の会社に勤めていた父の仕事の関係で日本に来て、小中高と、目黒にあるインドネシア人学校に通いました。インドネシア人学校は幼稚園から高校まであって、最大で150人くらいいたかな。高校3年生のときには同学年の子はみんな帰国してしまって、学年に私ひとりだけ。私が休むと先生も休みになった（笑）。

卒業後は駒澤大学の国文学科に進みました。両親は引退して故郷に帰りましたが、私は残ってインドネシア政府観光局で働いて、いまは娘が3人います。上はもう大学生。そういうわけで、日本に来て38年、あ、年がわかりますね」

ティニさんはそういって笑った。細面で鼻筋が通り、目が大きく美しい人である。

日本に来たときの最初の印象はどういうものでしたか？

「とにかく人がいっぱいいるなと。それとなんて早く歩くんだろう、と思いました。それまでは電車もめったに見たことがなかった」

ところで踊りはいつからやっているのですか？

「3歳からジャワの宮廷舞踊を習いはじめて、小学1年生のときには舞台に立っていました。日本でインドネシア人学校に通いはじめたころ、当時の駐日インドネシア大使から『君たちはひとりひとりが小さい大使なんだよ』といわれたのが、とても心に響いて。ああ、私は国を背負っているんだな、文化交流がしたいなと思って、日本でもジャワだけでなくインドネシア各地の踊りの練習を続けました」

いまは舞踊団を持っておられるのですね。

上・下：ソロの町並み（2006年） creative commons by Aditya Darmasurya

「実は、政府観光局で働いていた1988年に、奈良のシルクロード博覧会に出演するはずだった舞踊団がビザの関係で来日できなくなって、ダンス経験の豊富な在日インドネシア人で急遽、グループを結成したのがはじまりなんです。

これをきっかけに首都圏以外でも、頼まれればいろんなところで踊るようになりました。福島のうつくしま未来博、北九州、それに栃木や高知のインドネシア交流会に参加したり、それこそ北は北海道から南は沖縄まで。8月17日のインドネシアの独立記念日に区民ホールを借りて、自主公演をしたこともあります。

でも、そのうちみんな国に帰ったり、仕事が忙しくなったり、子どもが生まれたりして集まりづらくなった。それで1997年から舞踊を教えるようになっていたので、その教え子たちと再出発しました。このメンバーとはインドネシアの被災地支援のチャリティ公演や、東日本大震災の被災地へ、踊りと楽器アンクルンを届ける活動を続けています」

生計はどうやって立てているんでしょう?

「収入はほとんどインドネシア語の通訳と翻訳でもらっています。それから関東国際高校や朝日カルチャーセンターなどで語学教師もしています。そして、毎週土曜日には東小金井でインドネシア舞踊講座『ドゥタ・ムラティ（ジャスミンの使者）』を開く。レッスン場を借りて、初心者から上級者まで3つのクラスで教えています。

この舞踊講座はボランティアに近いんです。大きなスポンサーや助成金などを当てにするより、小さくてもずっと続けられることのほうが大事。もちろんスポンサーがつけばラッキーだけど、逆に動きにくくなる。自分たちができることを自分たちでやることで満足するんです。とはいっても民族楽器の調律師を呼ぶのでも飛行機代を含めてものすごくお金がかかるし、衣装はこちらでデザインしてインドネシアに注文を出すのですが、1着あたり送料も入れると2万、3万とかかります。私の家の屋根裏部屋は衣装やかぶり物、楽器でいっぱいよ」

それじゃあ、お忙しいですね。マネージャーはいるんですか？

「いません。基本的にはみんな私が窓口になって仕事を受けたり、連絡したり。ぜんぶひとりでやっています」

うわー、暇だったら事務局をお手伝いしたいくらいです。当然、ティニさんはイスラーム教徒ですよね。その薄紫色のヒジャブがきれいです。

「数年前からかぶるようになったんです。インドネシアは多宗教なので、たとえばアチェ州は敬虔なイスラーム教徒が多くを占めるいっぽうで、私が生まれ育ったソロはカトリック教徒が多かったりします。

なのでヒジャブ――インドネシアではクルドゥンといいますが、をかぶっていない女性もめずらしくないですし、舞踊のときに肌を見せるのも文化的なものとして許容されている。私もコーランを勉強するときだけかぶっていたのですが、国に帰ると兄に『かぶらなきゃ』といわれたりして、2年前からかぶるようになりました。いまは踊るときも、髪の毛は黒いヒジャブで包んだり、衣装の下に肌色のシャツを着たり、工夫しています。インドネシアはムスリム女性のファッションの流行発信基地で、ヒジャブもいろんなデザインのものがあるんですよ。ムスリムの人口世界一の国ですから」

ジャワ島には仏教遺跡も多いですよね。

「大昔はみんな〝万物に精霊は宿る〟というアニミズムだったのでしょうが、インドからまずはヒンドゥー教と仏教が入ってきた。12世紀になると商人たちがイスラームを伝え、これが急速に広まりました。そして16世紀には日本と同じようにキリスト教が伝来します。これはオランダの支配によるものです。いまはほとんどがイスラーム教徒ですが、国教ではないですし、強制されるわけでもない。キリスト教徒（約9・9％）や、ヒンドゥー教徒（約1・7％）、仏教徒（約0・7％）と共存しています。今日一緒に踊ったウィウィさんはムスリムだけど、スリーさんはカトリックですよ。

戒律も、中東などに比べると、どちらかというとマイルドですね。お墓に花を供えたりもしますし。それは地域によって、家族によって、人によって違います。

私は、豚肉はもちろん食べません。いちばん下の子どもは小学生で給食がありますが、学校に理解があるので、事前に細かいメニュー表をもらって、豚肉料理のときは、たとえば麻婆豆腐なら鳥のひき肉でつくってお弁当で持たせています」

それは大変だ、そうでなくとも忙しいのに。

「日本の食べ物もインドネシアの食べ物も知ってもらいたいんです。あるとき、メニュー表に『家常豆腐《ジャーチャン》』とあって、わからなくてGoogle先生に聞いたら、揚げ豆腐の煮込みのことだった。そんなこともあります（笑）。でも、ふだんは『今日はミーゴレン（焼きそば）でいい？』とか、10分くらいでちゃちゃちゃっとつくれる夕食にすることもありますよ」

インドネシアでは日本はどう思われていますか？

「好かれていると思います。ただし戦争中は日本がインドネシアを占領したりして、『オランダの300年の支配より、1942年からの日本の3年のほうがひどかった』と、いい印象をもっていない人もいる。当時の日本人を親しみをこめて『サウダラトゥア（上の兄弟）』と呼んでいるインドネシア人たちもいます。20年くらい前までは日本軍の元兵士の方も現地をよく訪れていました。日本の敗戦後、オランダからの独立を目指した戦争でインドネシア側に加わった日本兵もいましたし、いまは日本のODA（政府開発援助）でたくさんの道路や橋もできています」

そういえば、今村均《ひとし》陸軍司令官が戦中、オランダに囚われていたインドネシア独立運動の指導者、スカルノとモハメド・ハッタを解放したという話もありますね。一方、日本軍に殺されたり、使役された方の子孫もたくさんいると聞きます。日本とインドネシアはこれからどんな関係になっていくのでしょう？

「数年前は外国人技能実習生といえば中国人だったのが、いまではインドネシアやタイからの実習生が増えているそうです。看護や介護の分野にもインドネシアの人材が求められているようで、日本に暮らすインドネシア人は増えていますね」

そうしたインドネシア人のためのモスクはあるのですか？

「実はいま、喜捨を募って、つくろうという動きがあるんです。モスクは八王子や代々木、大塚や御徒町にもあって、そこに通っている人もいますが、多くはトルコ系やパキスタン系のものですし。

ラマダン明けのお祭りのとき、在日のインドネシア人は目黒のインドネシア人学校に集まるのですが、前は体育館でおさまっていたのに、いまは体育館に全教室や廊下を合わせても足りない。外の駐車場まで人であふれてしまう。それも2回転させているのに。この日ばかりは学校までの道はインドネシア人だらけ。迷ってもみんな歩いているからすぐわかる（笑）。近隣の方には事前に挨拶するのですが、皆さんわかってくださっています」

宗教をもつことはティニさんにとってどんな意味をもちますか？

「宗教は私の生活と人生の支えです。アッラーを信じ、定められた教えのもとに生きることで、幸せを感じることができます。もちろん大好きな舞踊もありますが」

すばらしい踊りで、自分でもやってみたくなります。

「ぜひ習いにきてください。生徒には70歳以上の人もいます。いまからでも練習で、指はもっと反るようになるし、1本ずつ動かせるようになります。インドネシア舞踊は、目はもちろん、手の表情が大事なんです。手足を動かすのは体にもいいですし、肩こりもとれますよ（笑）。

　私は専門機関で踊りを習ったわけではないので、実はもうひとつ自信がもてないところがあったんです。でも、経験を積んだいま、与えられた場で舞踊家として胸を張り、インドネシアと日本の懸け橋になれたらと思っています」

＊＊＊

　その後のティニさん――「昨日は発表会用に53人分の衣装を用意しなくちゃいけなくて、大変でしたー。今月は休みが1日だけかも」というティニさん。以前からの語学と舞踊の講師に加え、2017年8月からはインドネシア大使館で始まった「Ｒｕｍａｈ Ｂｕｄａｙａ（文化の家）」で月に1回、踊りや風習などインドネシアの文化を日本に紹介するイベントを担当。さらに打楽器を合奏するガムラン・グループも結成。インドネシアからの旅行客とガイド志望の日本人の生徒たちの交流も企画中……と、相変わらずマネージャーが必要な忙しさだ。
　インタビュー時には構想段階だった目黒のインドネシア人学校敷地内のモスク「マスジッド・インドネシア」は2017年5月に完成、地下1階地上2階で230人収容できるモスクだが、断食明けのお祭りはやはり何回転かしたという。

チュニジア

モハメッド・ブリさん

大使館勤務&沖縄民謡歌手

毎回、いろんなバックグラウンドの人に会える。最近手詰まりだなあ、と思っていたら、「この企画にぴったりの、サウジアラビア大使館の文化部に勤めるチュニジア人男性がいる」と駐日チュニジア大使館から紹介を受けた。どんな人だろう。わくわくして出向いたのはJR中野駅南口に近い「カルタゴ」という、アラブ・トルコ地中海料理のレストランである。日本のチュニジア料理では草分けだ。

2015年5月

店の前で携帯電話をかけている背の高い人が見えた。通話をすませて「ごめんなさーい。遅れました」と入ってこられたのが、当のモハメッド・ブリさんだった。アイランという甘くないヨーグルトドリンクを飲みながら話す。

どうして日本に来られたのですか?

「私はチュニジアのケルケナ島で育ちました。首都チュニスへ汽車で4時間かかる港町スファックスから、さらに船で1時間ほどのところにある島です。

中学までは島で暮らし、1994年にチュニスの大学に入学、演劇を専攻しました。ちなみにチュニジアは独立後、教育に力を入れていて、公立であれば大学も学費は無料です。旧宗主国がフランスで、小学校からはアラビア語のほかにフランス語を、高校からは英語を勉強するので、フランスをはじめとするヨーロッパやカナダに留学する人が多い。私は能や歌舞伎に興味をもち、ぜひ日本に行ってみたいと思うようになりました。チュニジアでは当時、工学専攻の留学生が多くて、日本で文化を学ぶ人はめずらしかった。それでもチュニジア大使館を通じて、日本の文部省などが骨折って探してくれて、留学先として決まったのが沖縄県立芸術大学でした」

そうすると最初に行ったのは沖縄ですか?

「そう、2000年10月のことでした。行く前に日本で知っていたのは能楽堂のある東京と、文楽の大阪、観世流の京都、そして広島と長崎くらい。だから最初は、どんなところかなと思っていました。

実は、着いてまず困ったのが豚肉なんです。沖縄はぼくの生まれた島のように海に囲まれているのに、あまり魚を食べない。チャンプルーにも、沖縄そば（三枚肉）にも、ソーキそば（骨付き肉）にも、その出汁にも、なんでも豚が入っています。ムスリムは豚を食べませんから」

たしかにそうですねえ。沖縄の長寿は豚肉を食べるからだともいわれています。あ、ごめんなさい。ハラールフードも手に入らなさそうですね。どうされたのですか？

「はじめの半年は日本語を学ぶために琉球大学の寮にいて、そのうち近くのお店の人たちと仲良くなると、ぼくのためにわざわざ煮干しや昆布だけで出汁をとってくれたり、豚の代わりに牛肉やかまぼこを入れてくれたりするようになりました。最初は『チュニジアから来た』というと、『タンザニア？』と聞かれたりしましたけど（笑）。インドネシア人とかマレーシア人とか、ムスリムの留学生は多くて、学校のなかでお祈りする場所には困りませんでした。

沖縄の人たちのことはたちまち好きになりました。のんびりしていて、優しい。沖縄語で『いちゃりば・ちょーでー』といいますよね。『会った人はみなきょうだい』という意味で、隔てなくお付き合いをする。いまも年に2回は沖縄に行きますし、当時知り合った人とはよく電話もしています」

それはよかった。留学はいかがでしたか？

「能と歌舞伎を学びにきたはずが、知らず知らず沖縄の三線や民謡に惹かれていきました。楽器はさわったこともなかったのですが、沖縄の町を夕方に歩くと、どこからか三線の音が聴こえてきて、ああ、いいなあ、弾いてみたいなあと。それで八重山民謡では大工《だいく》哲弘師匠、宮古民謡では天久《あめく》勝義師匠、琉球古典音楽では喜瀬慎仁《しんじん》師匠の弟子になった。最初は趣味だったのが、みんながあの大会に出たほうがいい、こっちにも出たほうがいい、と期待してくれて、那覇から八重山、宮古、いろんな島の大会に出るようになりました。

　2005年には『第1回　糸満とぅばらーま大会』で優勝、13年には宮古島の『第8回　なりやまあやぐまつり』でグランプリをとりました。留学中は琉球古武術（2007年に指導員の資格を取得）や空手も習っていたから、とにかく忙しかった（笑）。民謡であちこちの島に行って、それぞれの文化を知ることができたのは本当にいい経験でした。島の暮らしも文化も、私の故郷と共通していますね」

　どういうところがですか？

「海の文化というか、自然を大事にしていて、人が優しいところです。島で歌いつがれてきた民謡も自然を歌い、生き方を歌い、共同体の教えを歌います。その内容はチュニジアでいわれていることと同じです。八重山の教訓歌『デンサ節』にある、家族はひとつの船と同じ、家長は船頭であり、力を合わせて漕がないと船は沈んでしまうというのもそうですね。『てぃんさぐぬ花』という沖縄民謡でも、てぃんさぐの花で爪を赤く染めるように、親の教えを心に染めなさい、と歌っています。

『デンサ節』には、ものをいうときに、ちゃんと考えてから口にしなさい、いったん出したら呑みこむことはできないよという意味の教訓も出てきて、これもチュニジアで教えられたことです。懐かしいなと思いました」

てぃんさぐは鳳仙花《ほうせんか》ですね。私たちよりよほど沖縄にお詳しいようです。沖縄には何年までいましたか?

「『能の身体性』というテーマで博士論文を書いて、2007年に東京に移ると、今度は早稲田大学の琉球・沖縄研究所と演劇博物館で研究を続けました。能楽は世界でもいちばん古い演劇で、しかもそのまま受け継がれていて、もとの形が残っています。様式が崩れていない。装束(衣装)、能面、所作、謡《うたい》、囃子《はやし》、笛や鼓《つづみ》、すべて優雅なのが魅力です。

研究のかたわら大学の専任講師をしたり、翻訳や通訳のアルバイトをしていましたが、それで縁のできたサウジアラビア大使館の文化部に、2010年に就職しました。

いまの主な仕事はサウジから日本に来る国費留学生をサポートして、受け入れ先の語学学校や大学とやりとりすることです。サウジからは現在、600人ほど学生が来ていて、アラブの国でいちばん多い。サウジアラビア大使館の文化部には私のほかに、エジプト人やスーダン人やモロッコ人もいて、同じアラブの国ですから、仲良く働いています。職場には恵まれていますね。今年(2015年)はサウジと日本の外交関係樹立60周年の年で、昨日も六本木ヒルズで、民族舞踊ショーが開かれました。

　このほか、ＮＨＫテレビのアラビア語講座に出演したり、いまもアラビア語を教えています。沖縄民謡は東京でも続けていて、アラブの大使館が合同で開くイベントで三線を弾いて歌うこともあります。たまにはライブもやりますよ」

　ますます混乱してきました（笑）。沖縄民謡を歌い、三線を弾いて、琉球古武術も究めた能

上：チュニジアの民族衣装を着て、三線を手に歌うブリさん　下：琉球古武術の道着姿のブリさん

楽研究者で、サウジアラビア大使館に勤めるチュニジア人というわけですね。もう少し、生まれた国のことを教えてください。

「チュニジアはアフリカ大陸の北の端にある国です。人口は1100万人くらい。昔はカルタゴという海洋都市国家が栄えました。そのカルタゴはローマに滅ぼされ、ローマ帝国に組み入れられた。だから、ローマのコロッセオと同じ円形闘技場もそのままの形で残っていて、一帯は世界遺産になっています。イスラームが広まったのは7世紀ごろにアラブ人が入ってきてから で、一時はオスマン・トルコの属州でした。

公用語はアラビア語。フランスの植民地になったのは1881年。1956年に独立して共和制になりました。私の父は独立運動に参加しています。いまも徴兵制はありますが、私は学生だったので免除されました。仕事について給料の60%を支払うと兵隊へ行かなくてもいいという制度もあります」

ここで、ブリさんはレストランの壁に貼ってあった、地中海の地図を指差して説明してくれた。

「ほら、チュニジアはイタリアのシチリア島から150キロも離れていません。ローマからチュニスは飛行機で1時間ほどです。そんなわけで、いまもフランスやイタリアからバカンスに来る人が多い。別荘を持っているヨーロッパ人もたくさんいます」

ドイツでそういう人に会いました。私も以前、ロンドンに芝居と絵を見にいって、3月のことでしたが、あんまり寒いので、チュニジアに行ったことがあります。ロンドンからだと3時間くらい、一流ホテルに3泊して、航空チケット込みで6万円もしなかった。

「では、カルタゴやチュニスの旧市街などにも行かれたのですね」

はい、隣りで絨毯《じゅうたん》やスカーフを売っているのに、市場のなかでもうもうと煙を上げて羊の骨つき肉を塩で焼いていたのを覚えています。簡単な料理なのに、とってもおいしかった。

「一時、チュニジアに行くのが日本で流行った時期が、たしかにありました。シディ・ブ・サ

上:シディ・ブ・サイドの町並み　下:ケルケナ島の聖人を記念して建てられた建物

イドにも行かれましたか？」

シディ・ブ・サイドは本当にきれいな町でした。白い壁に青い扉の町並みが続いて、坂道にすばらしいカフェがあって、みんなそこで日がな一日、煙草を吸ったり、世間話をしたりしていた。青い地中海を見ながら。夢みたいでした。ブリさんのケルケナ島もそんな平和なところなんですか？

「まったくピースフルです。同じように壁は白で、扉や窓枠は青です。島は沖縄と同じ形をしていて、人口は3000人くらいかな。いまぼくの父は70代で、母は60代。チュニジアには退職して旅に出るとか、趣味に生きるという考えはないので、父は働いていたときと同じように毎朝、市場に行って魚やエビ、タコなどを買ってくるのを日課にしています。そして、母がそれを料理する。揚げたり、炭火焼きにしたり、トマト煮込みにしたり。私の姉と妹はチュニジアにいますが、弟はいまフランスのアンジェに住んでいます」

私がチュニジアに行ったのはいわゆる「ジャスミン革命」の前のこと。革命が起きたのは東日本大震災があった年の前年の12月だ。震災のときには早くも1ヶ月後に、チュニジア大使館からの呼びかけで、石巻でチュニジア料理の炊き出しをしたというブリさんは当時、ジャスミン革命の様子をレポートしている。革命から1年後のブリさんの思いが伝わってくる文章で、ここに転載する。

2011年の世界情勢を見ると、本当にいろいろなことが起こっています。個人的には、昨年12月中旬のチュニジアの革命にまでさかのぼります。路上で野菜を売っていた26歳の青年が、無許可販売の摘発を受けた屈辱に抗議して、市役所の前で自らに火を放ち自決した悲劇的事件は、多くの若い失業者たちや、苦しんでいる人びとの窮状を典型的に示したものでした。ソーシャルメディアを通して、ニュースは瞬く間に広がり、自発的な民衆反乱は、やがて革命へと発展。国民が長らく秘めていた激しい怒りが一気に顕在化し、虐げ

ケルケナ島のご家族と風景

られた人々はいっせいに立ち上がりました。1987年から約24年間にわたり続いてきた独裁政権は、今年1月14日、ベンアリ前大統領の国外逃亡によって終止符が打たれ、あっけなく崩壊。チュニジア人にも予想できなかった革命でした。

一般に「ジャスミン革命」として知られていますが、これはアルジャジーラ（カタールの衛星テレビ）や欧州のメディアが使う名称で、当事国のチュニジアでは「自由と尊厳の革命」と呼んでいます。「自由と尊厳」を求めた1人の若者の遺志は、全土に革命の嵐を巻き起こし、チュニジアのみならず、北アフリカや中東のアラブ諸国も共鳴しデモが起こりました。この夏休みに私も革命後のチュニジアに帰省し、ようやく国民が自由の空気を吸っているという事実を確かめることができました。しかし、自由と引き換えに300人の犠牲者を出したのも悲しい事実です。1日も早く平和の風が吹く日を願わずにいられません。

（『電通報』2011年8月15日号より）

チュニジアではその後、2014年に新憲法が制定され、これは信教の自由、表現の自由、男女同権を謳《うた》ったイスラーム世界では画期的なものだといわれている。

「自分の故国でいいことが起これば嬉しいし、悪いことが起きれば悲しい。そういう意味では今年（2015年）の3月にローマ帝政期のすばらしいモザイク画を展示しているバルドー博物館でテロが起こり、日本の方を含め22人もの犠牲者を出したことは、本当に胸がつぶれるような出来事でした。どうして、どうして、と思います。しばらくは観光客も減っていたのが、最近やっともちなおしつつあるようです」

私もまた行きたいです。チュニジアは産油国ではありませんが、油は油でもオリーブオイルにはヨーロッパ産の何倍ものポリフェノールが含まれているそうですね。

「そのとおりです。チュニジアの食文化は多様です。そろそろ料理を頼みましょうか？」

といってブリさんは私たちのために、前菜に、これはチュニジアのものではないそうだが、ババガヌージュという焼き茄子のペーストに、おなじみのフムス、チュニジアの代表的なサラダで、焼き野菜にオリーブやゆで卵がのったメシュイーヤ、ブリックというツナ、パセリ、マッシュポテトと半熟卵の入った巨大な餃子というか、ぱりぱりした皮に包んで揚げたもの、羊肉と野菜のクスクスを頼んでくれた。料理の前に、パンと一緒に赤い唐辛子のペーストのようなものが出てきた。

「これはハリッサといって唐辛子にオリーブオイル、クミン、キャラウェイ、コリアンダーなどの香辛料を入れたものです。パンにつけてもおいしいですよ」

こういう食材は日本で手に入りますか？

「ええ、新大久保のハラールフードを扱う食料品店へ行けばたいてい揃います。ハリッサは家で手づくりもしますよ。でも同じものをつくっても、お母さんの味が懐かしくなる。それと家族おおぜいで日曜日、おしゃべりしながら食べる楽しさも。だからたまには友だちを家に呼んでわいわいやります」

もちろんお酒は飲まれないと思いますが、東京でもラマダンをするんですか？

「もちろんしますよ。東京はやりやすいですね。ラマダンのときは太陽がのぼってから沈むまで、何も食べず、何も飲まないですから。これがサマータイム中で夜9時を過ぎても明るいヨーロッパだったり、北欧のような白夜の国では辛いでしょ（笑）」

ラマダンは子どものときから？

「無理にさせることはなくて、見よう見まねで覚えていくんです。みんなが食べないのに、自分だけ食べるわけにはいかないとか、だんだんとね。でも夜になるとみんなでおいしいものを食べますから、お祭り気分で子ども心にわくわくしました。

ふだんは大使館でもお祈りをします。金曜日の集団礼拝の日には同僚と、麻布のアラブ・イスラーム学院や新大久保のモスク、代々木の東京ジャーミイに行くこともあります」

話題が豊富なブリさんのお話はどこまでも続いた。そして、「今度の日曜日に、作業療法士として青年海外協力隊でチュニジアに行っていた友だちが来るから、うちに来ませんか」とまでいってくださった。なんと私と編集者はずうずうしくもうかがったのである。妻の真琴さんはチュニジアから買って帰ったという美しい大皿にクスクスを山のようにつくってくれた。豆と干しタコのスープ、チーシュ・ビルカルニートゥ・イッシェーヤフ、焼き野菜のサラダ、もちろんハリッサ。とってもおいしかった。

いまから数年前、イタリア文化関係の仕事についている真琴さんはイタリア帰りに、ブリさんはチュニジア帰りに、トランジットで降り立ったカタールの首都ドーハの空港で出会ったそうだ。ブリさんは、「チュニジアに数週間帰省して、しばらく日本語を話していなかったから、日本語が話したいなと思って話しかけたんです」と照れた感じ。

帰国後も付き合いは続き、結婚後に真琴さんはブリさんの家族と話すため、そしてブリさんの国を理解するため、アラビア語を習いはじめた。

「文字はもちろん、文法の決まりごとも驚きの連続ですが、楽しく勉強しています。ブリのご両親は本当にあたたかい人たちです。おじいちゃんもね。彼の弟の、フランス育ちのチュニジア人の奥さんも『この家に嫁いでよかった』といっていて、私も同感です。

チュニジアの人はみんな優しいので、家に呼ばれて、ものを褒められるとそれをあげないわけにいかなくなっちゃうらしいのね。だから、調度品などは褒めないようにしています（笑）」

お客さんの作業療法士の田村さんはブリさんの両親を訪ねたことがある。「ケルケナ島にもう一度遊びにいきたいくらい、楽しいご家族でした」と口を揃える。

「フランス語は勉強していたのですが、アラビア語ができないと、人々の心のひだには分け入れない。だから必死で学びました。夜暗いうちに拡声器から流れてくる祈りの声、日本ではあれを聴けないのが寂しいです」

そこにブリさんの家族から国際電話がかかってきた。田村さんと真琴さんはアラビア語で話している。若い世代の日本人女性のこうした壁のない交流ぶりに私は尊敬を覚えた。

ブリさんと真琴さんのおふたりが代々木のモスク、東京ジャーミイでの結婚式のあと、沖縄の世界遺産、識名園《しきなえん》で、琉装で記念に撮った写真も見せていただいた。

「沖縄はブリの第二の故郷のような場所です。テレビで普天間基地や辺野古のニュースをやっていると、『ちょっと音を大きくして』といって熱心に聴いています」

ブリさんはいう。「『平和が大事』と口ではいってもなかなか平和はみえません。沖縄の人たちは長いこと、戦争や基地で苦しんできたから、平和という言葉に実体があるんです。自然に囲まれていること、家族と一緒に住めること、一緒にご飯を食べること、一緒に話して笑うこと、それこそが平和だとあの人たちは知っています」

それはチュニジアで独立運動を戦ったお父さん、ジャスミン革命をわがことのように記したブリさんにもいえることなのではないだろうか？

＊＊＊

その後のブリさん――ブリさんはいまも仕事のかたわら、ふたつの故郷にたびたび帰省している。２０１７年の秋には「第４回 八重山デンサ節大会」で特別賞を受賞。大会の合間には琉球古武術の道場「文武館」でひさしぶりに稽古をした。

毎夏のチュニジアへの帰省では、真琴さんと南の砂漠にある『スター・ウォーズ』のロケ地や、エル・ジェムの円形闘技場を観光したり、島で家族とゆっくり過ごしたり。また、数年前にはブリさんの両親がイスラーム五行のひとつ、メッカへのハッジ（巡礼）に行くため、空港までお見送りをした。「お父さんは75歳、ハッジに行くのを10年待ってた。チュニジアからのツアーは年齢順で8000〜1万人。海外旅行自体ほぼ初めてだし、人生のなかの最大の出来事なんだ。当然、ぼくもいつか行きたい。できたら体力のある若いうちがいいね（笑）」

上：エル・ジェムの円形闘技場
中：トズールの『スター・ウォーズ』ロケ地
下：ブリさんと真琴さん
以上すべて©Mohamed Bouri

東京ジャーミイへ

アラビア書道に出会う

新宿から小田急線に乗って代々木上原を通るとき、進行方向右手に不思議な尖塔を持った建物が見える。十数年前、すっかり建て替えられた東京ジャーミイと呼ばれるこのモスクは、トルコ大使館が管理していて、その文化センターも中に入っている。今日はアラビア書道（カリグラフィー）について興味があって訪ねた。偶像崇拝を禁ずるイスラームでは具体的なものを描いて飾ることはなく、モスクの壁にもコーランやハディース（ムハンマドの言行録）の一節を書くことが多い。

1階の多目的ホールにもたくさんのアラビア文字が飾られている。デザイン化されたこの文字、とうてい私には読めない。アラビア書道を教える、日本アラビア書道協会の山岡幸一さんにお話を聞いてみた。

山岡さんはどなたにアラビア書道を習ったんですか？

「私の先生は本田孝一という方です。本田先生は東京外国語大学でアラビア語を学ばれたのですが、全共闘世代で、大学卒業後、何をなすべきか思い悩んで就職しないでいた。あるとき、銀座で大学の後輩に出会い、『測量会社でサウジアラビアをはじめとする中東地域の地図をつくる仕事がある、通訳で行かないか』と声をかけられた。1972年ごろですね。その話は沢木耕太郎さんの『彼らの流儀』（新潮文庫）にも書かれています。

上：東京ジャーミイ　下：礼拝堂の隣りに残る木造建築の学校

2回目に行ったときに、できあがった地図を現地の石油省の役人が確認して承認すると、書家がそこに地名を書きこんでいくのを目にした。そのアラビア文字の美しさに魅せられたのだそうです。それでアラビア語のアルファベット、アリフバーの書法を教えてくれと頼んだのが、先生がアラビア書道に入ったきっかけです。そして帰国後、自分でこつこつとアラビア文字を書いていたら、東京にあるアラブ諸国の大使館や日本企業から書を頼まれるようになった。

私は普通の商社マンでしたが、やはり大学でアラビア語を専攻したあと、合計4年間サウジアラビアに駐在、帰ってきてから本田先生の朝日カルチャーセンターの教室でアラビア書道を勉強しました。われながらよく20年も続いたものです。そのうち習いたい人が30人くらいまで増えてきた。本田先生が大東文化大学の教授になられ、お手伝いで会社の休みの土曜日などに教えるようになりました。いまはこれのほうが本業になってしまいまして、結局、定年前に会社をやめることになりました」

書道はアラビア語でなんというのでしょう?

「ハット（HAT）、語源は『線』という意味ですね」

日本みたいに書道何段とかいうお墨付きはあるのですか?

「日本の段位認定のような制度はなく、イジャーザ（書道印可）というものがあります。これは一人前の書家として認められた証しで、ふたりの書家による署名が必要です。本田先生は1980年代後半にイラクの書道展に招待されたとき、紹介してもらったトルコの書家ハッサン・チェレビーに師事しました。東京で書いたものを送ると、添削して送り返してくれる。イジャーザを受けたのは2000年のことです。

その後、本田先生はトルコの国際書道コンテストに出品して賞をとられました。それからも、イラクの書道展に出品した作品がクウェート侵攻後に行方がわからなくなったり、書道展で一緒になった書家たちの安否を気遣ったりと、激動の中東情勢と相まってなかなか大変な歳月を過ごされました」

書道展はけっこうあるのでしょうか?

「はい、トルコは特に多いですね」

プロの書家はどんな仕事をするんですか?

「昔は新聞の見出しを書く仕事がありました。いま大きいのは、お金持ちとか成功した人などからの、コーランの文言を額装して飾りたい、という需要に応えることです。聖典のどこをとってもいいのですが、節の途中の変なところで切ってはいけません。その書のまわりにアラベスク模様のような飾りをつけるのはテズヒップという装飾美術です。あとは本田先生みたいに独自の作品を書くアーティストになることですね。先生の作品は大英博物館にも収蔵されています。

アラビア書道の創始者といわれているのはアッバース朝の大臣もつとめたイブン・ムクラ(940年没)という人で、アラビア文字の形を理論的に体系化しました。そのあとイブン・バッワーブ(1032年没)とかヤークート・ムスタウスィミー(1298年没)といった名筆が出ました。

　書体もイラクのクーファで考案された直線的で力強いクーフィー書体、最も標準的で印刷用活字として使われているナスヒー書体、芸術的なスルス書体などがあり、また、ペルシア語圏でも独自の流麗で優雅なファーリスィー書体ができていきます。さらに、アラブ人が一般的に使うシンプルなルクア書体、オスマン・トルコ時代にスルタンの勅書を書くために開発された草書体のようなディーワーニー書体、それをもっと装飾的にしたジャリー・ディーワーニー書体などもあります。

　イスタンブールを中心にアラビア書体を洗練させた人々としては、シャイフ・ハムドゥラー（1520年没）、ハーフィズ・オスマン（1698年没）が有名です。そのあと共和国時代になると、ハーミド・アーミディー（1982年没）が当代随一といわれました」

　日本では書道は精神統一とか、修養の面が強いですが。

「アラビア書道はそういう面より、神のくだした言葉をいかに完璧に伝えるかということを重視します。日本みたいに学校で教えたりすることはほとんどないようです。教室は寺子屋みたいなところではあるのですが」

　そうすると日本みたいに、筆、硯《すずり》、墨といった書道の道具も産業にはならないでしょうね。どういう道具を使うのでしょうか？　たとえば筆は？

「本来は葦《あし》を使うのですが、日本では葦が入手しにくいので竹を使います。筆は書家が字の太さに応じて、自分で削ってつくります。ここにあるのはぜんぶ、本田先生がつくった筆です。筆先の番号は、便宜上、太さを数字で表したものです」

紙は何を使いますか？

「昔、イスラーム圏には紙がなかったので、羊の皮などを乾燥させて書いていました。紙がもたらされたのは750年代に中央アジアの覆権をめぐって唐とアッバース朝が戦争をしたときのことです。唐の紙すき職人を捕虜にして連れ帰り、樹皮を用いて紙をつくる技術を習得しました。いま私たちは光沢のあるアート紙やコート紙を使っています。ツルツルでないと書けないんです。日本の書道と違って、かすれやにじみ、ぼかすのはだめで、くっきりと書く。墨汁のなかには膠《にかわ》の成分が入っているので、紙にくっつきます。昔はこんな紙がなかったため、普通の紙に、卵白

クーフィー書体

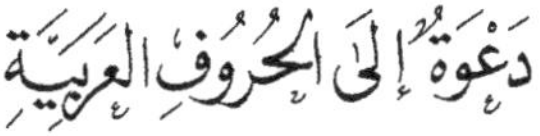
ナスヒー書体

スルス書体

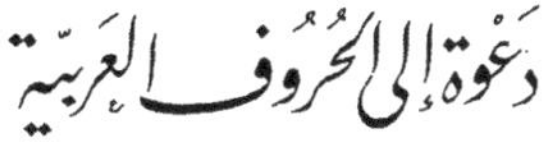
ファーリスィー書体

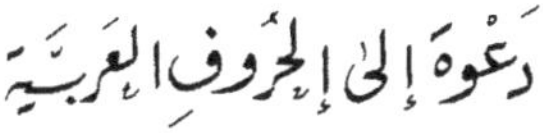
ルクア書体

ディーワーニー書体

ジャリー・ディワーニー書体

日本アラビア書道協会編『アラビア書道体験講座用テキスト Ver.201401』より

に塩を入れたのを塗り、瑪瑙《めのう》とか、河原の石で紙をこすってツルツルにしていました」

墨は日本と同じですか?

「ランプの煤《すす》にアラビアゴムを入れて、粘りをだしたものを使います。昔はモスクでたくさんのランプが使われていたので、その煤を集めて書いたそうです。いまはもちろんモスクにも電気がついているのですが。煤の墨は100年前のものでもあせません。1000年以上前にコーランを書いたものも残っていますよ。われわれは市販の墨汁を使っています」

ほかにはどんな道具を?

「下に敷くのに日本の書道ではフェルトを使ったりしますが、アラビア書道ではかつて羊の皮を敷いてその上で書きました。私はいま、こんなゴムみたいな、ウェットスーツ用の生地を敷いています。自分の拳《こぶし》を固定するのに、紙の上にも小さな皮を敷きます。アラビア語は文字を右から左に書きますが、どうしても手の油や墨が紙につきます。墨は乾く前なら削れるので、ナイフも持っています」

じゃあ、なにか字を書いていただけますか?

「いいですよ。せっかくだから、まゆみさんのお名前を書きましょう」

わー、こうやって書くんだ。何度も墨継ぎをしていいんですね。

「かすれちゃいけないので。まゆみさんは母音がaとuで書きやすいです。アラビア語は母音のeとoがないんですよ。始まりがmですが、語頭にくるときと語中にくるときでは同じmでも書き方が違う」

山岡さんは丁寧にゆっくり竹の筆を動かし、紙のなかにバランスよく私の名前を書いてくれた。踊っているような、音符のような感じの字である。嬉しいな。いま書き加えたのは何ですか？

「必ず、書いた日の日付をイスラーム暦で入れます。それと書いた私の名前も」

サインもデザイン的ですね。

「そうです。花押《かおう》のようなもので、トゥーラといいます。スルタンにも名筆はいまして、その花

上：山岡幸一さん　下：アラビア書道で「Mayumi」

日本アラビア書道協会
http://www.jaca2006.org

押なんかかなり複雑ですよ」

そのとき、突然大音量のマイクで、お祈りが始まった。1日5回の祈りの時間に入ったというわけだ。さっきオフィスからそそくさと出ていった男性の声だろう。それがまた朗々として難しい節回しなのだが、いい声なのだ。

ここはジャーミイ、祈りの場なのである。

このジャーミイのなかにも、そういえばたくさんの作品がありますね。

「イスラームは偶像崇拝を禁じているので、人や動物は描かず、抽象的な草花などの模様か、こうした聖典の文字を書くしかないのです。そのために相当凝った書体も発達してきました」

この壁の文字は誰が書いたのでしょう？

「しかるべき書家が書いたものを、これを建てるときに雇われた職人が写したのでしょうね」

書で文化財になっているようなものはありますか？

「さあ、それはわかりません。ただオリジナルのサインまで真似たコピーも出回っていますから、その鑑定をする人はいます。有名な書のコレクターもいますよ。イスタンブールにはサバンジュ美術館という財閥が自宅を改装してつくった美術館があって、かなり書を持っています。イスタンブールは書道の作品を見るだけでもいくら時間があっても足りない町ですね」

ここで山岡さんから「2階に上がってみませんか？　大きな礼拝堂があって、そこにも書があ

 りますから」との提案があって、私たちは階段を上がっていった。そこにはイスタンブールで見たような、石づくりの広い前庭があり、中に入ると白い壁に美しい幾何学模様が描かれ、窓はステンドグラスで飾られている。アジアでいちばん美しいモスクともいわれ、たしかにオスマン・トルコ様式の白い外観はイスタンブールで訪ねたブルーモスクにも似ていた。

1917（大正6）年、ロシア革命により、ロシア国内のイスラーム教徒は迫害を受け、カザン州にいたトルコ系タタール人は満州から海を渡って神戸や東京に移住した。日本政府から許可を

上：2階の女性用礼拝堂から見たモスク内部　下：装飾のように見えるものすべてがアラビア書道

得て、1928（昭和3）年、メクテビ・イスラミイエと命名した学校の建設にとりかかり、さらに1938年、この地に礼拝堂（東京回教礼拝堂）をつくった。この落成式にはときの陸海軍の大将なども出席したという。日本の大陸進出が本格化したころで、イスラームへの関心は戦略的なものだったそうだ。1986年に老朽化により取り壊され、2000年には立派に再建された。工事の際はトルコから100人を超える技術者や職人が来日したという。隣りには以前の木造の学校がいまも残っていた。

ここには東京中のムスリムが集まってくる。階下には手や足を清める洗い場があり、女性は長いスカートやスカーフで足や髪を覆うことが求められる。見学者のために貸し出し用のスカーフも置いてあった。中に入ると濃いブルーの大きな絨毯《じゅうたん》が敷きつめられている。

「ここはトルコ大使館の管轄ですが、金曜日の集団礼拝にはお堂がいっぱいになるくらい、各国の人が来ます。パキスタン、バングラデシュ、湾岸諸国、アフリカの人も来ますね。このジャーミイは誰に対しても開かれていて、観光客も多いですし、見慣れない建物だと入ってくる人もいます」

礼拝堂のなかの写真を撮ってもいいのですか？

「いいんですよ。国によって異なりますが、マレーシアではだめだったかな。もちろんお祈りの時間には信者しか入れません。異教徒はコーランにもさわってはいけないことになっています。その一節を書いた首飾りなどをする信者もいますが、トイレに入るときは必ず外しますね」

このアーチで縁どられた壁のくぼみは何でしょう?

「イスラームの聖地でカアバ神殿のあるメッカの方角キブラを示すくぼみで、ミフラーブといいます。祈りの方角が大事なんです。女性は2階に祈りの場が設けられているので上がってみたらどうですか? 私は男性なので行けませんが」

螺旋階段を上がってみると、ここにもカリグラフィーの名品が何点もあってしばし見とれた。

東京ジャーミイを出て、山岡さんはランチもご一緒してくださった。

世界中のイスラームの国にいらっしゃいましたか?

上:2階礼拝堂。「(略)本当にあなたは、使徒のひとりで正しい道のうえに人々を導く者である(略)」 下:1階多目的ホール。「知識ある者こそもっとも尊い地位にある」(訳は『伝統と未来の交差点——東京ジャーミイ・トルコ文化センター』冊子より)

「そうでもないですが、本田先生についてあちこち行きました。イスラーム圏は世界の2割の人口に達します。インドネシア、マレーシア、インドにもイスラーム教徒は多いですし、フランスにもたくさんいる。日本人はぜんぶごっちゃに考えてしまいますが、どこも皆さんが思うよりよほど安全です。

トルコ語を話すトルコはイスラーム圏ですが、アラブ圏ではない（アラブは西アジアから北アフリカにかけてのアラビア語を母語とする人々をさす）。トルコでは共和国以降、政教分離をして、宗教は個人の内面のことだと干渉しない政策をとっています。また、トルコ語でもアラビア文字を使わず、ラテン文字を用いています」

商社マンとして4年を過ごしたサウジアラビアはどういうところですか？　ぜひ伺いたいです。

「それはもう、トルコとはぜんぜん違います。私がいたのは会社に入って3年目、１９８０年代ですから。首都のリヤドはコンクリートの町でしたが、ほかはまだまだ田舎でしたよ。観光の目玉は映画『アラビアのロレンス』（１９６２年）で有名になったヒジャーズ鉄道の跡。ヒジャーズ北部のマダイン・サーレハという古代都市の遺跡は、サウジアラビア初の世界遺産にもなりました。

駐在していたときには特に危険は感じませんでしたが、戒律は厳しい時代でした。むやみに写真を撮ったらいけない、お酒を飲めない。自分の妻や姉妹以外の女性と話したり一緒に歩いたりしたら捕まるおそれもありました。一般的なオフィスで女性を雇うこともありません。女性から電話がかかってくることもまずない。仕事は英語ですみますから、アラビア語を使う機会はあまりありませんでした」

『少女は自転車にのって』（2012年）という映画を最近観ました。サウジアラビアで初めて女性監督（ハイファ・アル＝マンスール）が撮った映画と聞きましたが。

「私も観ました。サウジアラビア国内で公開すべきかの是非が新聞でも取り上げられたようですが、結局、一般公開はされていないはずです。映画館のない国で、ぎりぎりのところでよく撮りましたね」

ドイツとの共同制作のため、サウジ国内のドイツ大使館では上映されたという。

関東以外でも教えていらっしゃるのですね。

「ええ、関西にアラビア書道を教えられる人はほとんどいないでしょう。生徒さんのなかには駐在員の奥さんだった方、ベリーダンスをされている方、イスラーム圏の男性と結婚した方など、いろんな経歴の人がいます。そんな方たちの話を聞くのも興味深いと思いますよ」

私はこのアラビア文字の自由で繊細な感じにすっかり魅せられたのだが、さて学ぶとなるとかなり奥が深そうだ。トルコ、サウジアラビア、イラク、モロッコ、チュニジア……紛争がある国も、戒律に違いがあっても、アラビア文字でつながっている、というのがひとつの希望のように思えた。

クルド

クリンチ・メメトさん

解体工事会社経営

2015年8月

蕨《わらび》駅に降りたつのはひさしぶりだ。埼玉県だが、地下鉄南北線とJR京浜東北線を乗り継いで東京の自宅から30分ほど。駅前に大きな木があり、緑色の国際興業のバスがつぎつぎと来る。大通りから一本入ると懐かしい赤提灯がいっぱい。この駅は古く1893（明治26）年につくられたと、駅前の碑に書いてあった。通りすぎる人は日本人のように見えて、韓国語や中国語を話し、フィリピン人と思われる風貌の女性もいる。

今日は川内原発が再稼働を始めた日（2015年8月14日）で、「蕨市健康と生活を守る会」の方たちが酷暑のなか、署名活動を繰り広げていた。郊外で、多国籍で、なかなか市民運動も活発なところらしい。クルド人が蕨市と川口市周辺に1000人近くも住んでいて、彼らのあいだで「ワラビスタン」といわれているというのは本当だろうか。中小の町工場の多い地域だ。クルド人の支援活動をしている松澤秀延さんが車で迎えにきてくれた。

「松澤さんはどうしてこういう活動をしているんですか」。車に乗りこむなり私は不躾な質問をした。「ぼくはいわゆる団塊の世代でねえ。政治運動はそう熱心にやらなかったのですが、20代の後半は世界をバックパックで歩いていました」。ヒッピーみたいに？「まあそうですね。絵を描きたかったのでまずパリを目指して、あそこにいちばん長くいたかな」。じゃあ、シベリア鉄道経由ですね？「そこから中近東、アフリカ南部、アジア、だいたいまわりました。足かけ3年くらい。トルコも田舎のほうを放浪しましたよ」。それは印象に残る旅ですね。「というか、日本に帰って社会にとけこむというか、現実感をもつのに10年かかってね。日本にいても夢のなかみたいなんですよ。それでも土木を仕事にして、公園なんかをつくるようになりました。ちょうどバブルのころに、イラン人やクルド人をたくさん現場で使ってね。それから彼らのことが気になって、もう10年以上お付き合いしています。支援なんていうのはおこがましいですよ」

彼の主宰する「クルドを知る会」も10年くらい、続いている。

「これからうかがうのは私がお付き合いをしている家族のひとつですが、法務省から在留特別許可をすでに取得した、きわめてまれなご家族です。トルコから逃れてきたほとんどのクルド人はいわば不法滞在で、本来であれば母国に帰るまで入管施設に入れられます。ただ、収容人数に限りがあり、『仮放免』を申請してそれを免れている人も多い。たとえ国連難民高等弁務官事務所（UNHCR）が母国で迫害を受けるおそれがあるとして、支援対象者と認定した人であっても、トルコとの関係を優先する日本でクルド人の難民申請が認められることはほぼありません」

クルド人は中東の先住民族。世界に2500万から3000万人いるといわれ、クルド語を話すが、独立した国を持っていない。帝国主義の時代に入り、オスマン・トルコとドイツは同盟を組んで第1次世界大戦を戦った。そのあとオスマン帝国は解体され、トルコ、イラク、シリアなどの国境が連合国のサイクス・ピコ協定によって恣意的に引かれ、それはクルド人居住区（クルディスタン）を分断することになった。そのため、トルコ（約1200万）、イラン（約1000万）、イラク（約400〜500万）、シリア（約300万）などにクルド人は少数派として暮らし、厳しい生活を強いられている。移住するクルド人も多く、ドイツに約60万人を最大として、イギリス、フランスなど全世界に広がっている。ドイツに多いのは戦後、経済成長の過程で、ドイツがかつての同盟国であったトルコ国籍の移民を労働力として受け入れたからでもある。

「ドイツ、イギリス、フランスなどにはクルド人のコミュニティがあります。親戚や同郷の友だちが違う国に移住していることもよくあって、彼らは絶えず情報交換をして海外情報を仕入れ、より受け入れ態勢のいい国に動くこともあります」

車は町はずれの市営団地とおぼしき共同住宅に到着。窓から手を振った女性が外階段の上に出てきてにっこりした。3階まで上がると、女の子3人も飛びだしてきた。中はなかなか広い。居間に大きな革張りのソファセットが置いてある。

「私はエルマスといいます。日本に来て15年です。日本語うまくない。お父さんはメメト。私より5つ上で、ずっと先に来ました。イスラームはもともとても優しい宗教。だけどとても悪い印象になりました。いまイスラームの名前でぜんぜんイスラームと関係ないこと、世界中でやっている。戦争とか、テロとか、暴力とか」

髪の毛の長い、鼻の高い、ゆったりした体格だが、民族衣装ではなく、Tシャツにパンツ姿である。床のカーペットの上にあぐらをかいて座る。編集者はやがて足をくずし、私も足がしびれ、ソファに座らせていただいた。

エルマスさんとメメトさん、おふたりは日本で知り合われたのですか？

「いいえ、故郷が同じなんです。ガジアンテプ、トルコの南にある、シリアとの国境に近いところです。いまは100万人の町に、シリアからの難民が100万人近くいます。向こうで婚約して、日本で結婚しました。私が21歳のとき」

横に座る松澤さんが補足してくれる。

「クルド人は山岳地帯で農業などをしている人が大半。地域共同体のなかで、親戚の紹介で伴侶を見つけることが多いんです」

「そうです、みんな知り合いです。私のうちも農業です。お父さん、10年前亡くなりました。いま、お母さん、お兄さん、お姉さんたちがいます。小麦、キュウリ、トマト、ピスタチオ、クルミ、りんご、食べるものはなんでもつくります。羊も飼っています。私が出てきたときからすごく変わったと、あとから来た人に聞きました。村まで行く道が大変だったのが、バスが来るようになったって。私がいたころはよく停電しました。でも、便利になってもいまあんまり安全とはいえないね」

「エルマスさんの故郷はまだ近代化しているとはいえません。トルコ政府はクルド人地域にお金を落とさない。

1938年にトルコは民族浄化をとなえてクルドの村を破壊、このとき難民となったクルド人が独立を目指し、1978年、クルディスタン労働者党（PKK）を結成します。それに対して、イラク政府はクルド人居住区を徹底的に弾圧し（アンファール作戦）、トルコも大規模なダム（イリス・ダム）の建設を計画したりして、彼らを追いだそうとした。現在、PKKの指導者アブドラ・オジャランは収監中で、PKKも態度を軟化させていますが、トルコ軍はPKKへの空爆を再開、民間人の死者も出ています。そしてこの数年、ＩＳ（イスラーム国）が入ってきて、さらに治安が悪くなった。政府はＩＳにも空爆を始めましたが、クルド地域での被害には介入せず見て見ぬふりをして、ＩＳを使ってクルド人を排除しようとしているようにもみえます」

「これまでもたくさん人が死んだ。クルド人はもう戦いは望んでないのに。でも外国で生活をするのは大変で、私も子どもは日本の病院で生んだけど、言葉もわからなくて不安だった。だけど危なくってトルコにはいられない」

ガジアンテプの町並み（2003年）
public domain by Mka1

来日当時、おふたりは「仮放免」だから保険はなく、医療費は全額負担だった。お子さんは蕨の小学校に通っているのですか？

「そうです。クルド人の子どもはいまの学校に7〜8人かな。蕨とか川口の小学校全体では100人くらいいます。うちの子は生まれたときから日本だから漢字も書けるけど、小学校の途中で来た子どもは漢字が書けないので、そのうち学校に行かなくなる子もいる」

「日本の学校は無関心ではないのですが、担任教師の熱意と技量にまかされているのが現状です。せっかく能力はあっても伸ばしきれない子どももいます。本当はクルド人の子どものための補習校のようなものもやりたい。ただ、このあたりに集中しているとはいえ、なかなか集まりやすいところがありません」と松澤さん。

中国やフィリピンの子どももいるとなると、先生ひとりではとうてい対処できませんよね。

そんな話をしていると、作業服姿のメメトさんが帰ってきた。「すっごい渋滞だったんですよ」。浅黒く、眉毛も濃く、精悍な感じの男性だ。声がしわがれて大きい。

「はじめまして。クリンチ・メメトです」といって差しだした名刺には日本と同じ姓、名の順番で記してあった。「合同会社アララト工業 業務執行代表社員」とある。これはトルコにある聖なる山の名前だ。

もしかして社長さん？

「そうです。3年前に始めたばかりです。私が来たのは1994年。もう21年になる。21のときに来て、いま42歳。人生の半分、日本にいるよ。本当はどこでもよかった。国から出られればアメリカでも、ドイツでも。でもだんだん厳しくなってきた。トルコと日本はビザなしで行き来できます。入りやすいというかね。ブローカーに頼んでお金をたくさん、4000ドル払って、飛行機に乗った。一緒に来たのは43人。何も持ってない。日本語もわからない。仕事のあてもない。ブローカーは成田から東京まで連れてきてくれた。そこでさよなら。蕨に来たのは言葉が少し通じるイラン人が多かったから」

覚えています。あのころ谷根千の町にもイラン人がたくさんたむろしていました。ある日、警察による排除があったのか、いっせいにいなくなった。

松澤さんが解説してくれた。

「あれはイラン・イラク戦争のあとでした。日本はバブル経済の終わりかけでしたが、ゼネコンも人手が足りず、彼らを下請けの危険な仕事にかりだして、安く使ったのです。いらなくなるとビザ免除措置を一時停止して、不法滞在で取り締まり、国外退去にしてしまいました」

そういえば、近所の建設現場でも、たくさんの国籍の違う人たちが働いていて、現場監督の日本人が、「オレ、こんなに何ヶ国語も使えないよ」とぼやいていた。彼らはイラン人とかクルド人だったのかも。メメトさんがいう。

「苦労したよ。もうそのころのこと思い出したくないんだけど。最初、蕨市民公園で1ヶ月半野宿した。やっと見つかった仕事が越谷市千間台のタイヤ工場。あのころは携帯もパソコンもなかったから、イラン人に金を払って紹介してもらった。膨らましたり、剝がしたり、穴を繕《つくろ》ったり、古いタイヤを積んだり。人の手元を見て覚えた。1年くらい働いて、やっと住むところを借りられた。いろんな日本人がいたよ。優しい人もいたし、外国人が嫌いな人もいた。みんながいい人だったら、人生こうはならないよ。

それからも建設の仕事、解体の仕事、産業廃棄物の分別の仕事、いろいろやった。そして2000年にエルマスを日本に呼んで、子どもが3人生まれた。家も借りて5人食べていくにはお金がかかる。子どもの教育費もどんどんかかる。それで、10年ぐらい勤めていた解体の会社をやめて自分で始めた。いまは日本人も含めて10人くらい従業員がいる。でもまだ安定しない。従業員みんなが食べていくには毎月200万は稼がなくてはいけない。車のローンも税金も払わないといけない。自分の給料が出なくて、疲れていても休みの日にアルバイトすることもある。未来の可能性はわからない。自分で努力しないと」

松澤さんはこう補足してくれた。

「クルド人も人によってさまざまですが、過酷な条件のなかでも一生懸命働いて日本で地歩を固めたい、家族と生きていきたいという人もいます。そして、日本人のやりたがらない解体や廃棄物処理の仕事を屈強なクルドの若者は進んでやる。そうなるとこれは日本でじゅうぶん役に立つ人たちです。甘い考えの日本人よりはるかに役に立つ。それを排除して支援しないのはおかしい。お互いを認めあう。そうしないと信頼感も生まれてこない。仮放免のままでは表立っては働けず、健康保険にも入れず、もちろん労災もおりない。難民申請を認めてあげて、彼らが働きやすくするべきです。全体でみても難民認定率は1％未満、日本の移民政策は明治以来ほとんど変わっていないんです」

「在留特別許可をとるまでは大変だったよ。とれるまではいつ強制送還されてもおかしくない。疲れたよ。精神的に。自分が難民ということがね」

どういうことが大変ですか？

「仮放免中は東京の入国管理局が毎月、向こうの都合で日を決めて午前何時に来いというんです。ここから品川まで1時間かかる。お母さんは片手で赤ちゃんを抱いて、片手で子どもの手を引いて朝の混んだ電車に乗って行かなければならない。私も朝6時に子ども抱いていったよ。午後の空いた時間にしてほしいよ」

エルマスさんが言葉を継ぐ。

「一回、電車が事故にあって、間に合わなかった。遅れるときは必ず連絡しなければならない。気持ちが焦りました」

「入管は法務省管轄ですね。2009年に出入国管理及び難民認定法が改定され、以前は市町村ごとに、その地区に住む外国人を登録していたのが、国が一括してやるようになった。そうすると、行政の事務処理だけが業務で、彼らの立場に立って生活のことを思いやるということがありません。気持ちはわかりますけどこちらは業務ですので、という対応。欧米人は優遇しますがね。中国や韓国、アジアや中近東の人にはそんな対応です。世界中にさんざんものを売っておいて、庇護を求める人々にこんなに冷たくしていると、日本はそのうち信頼されなくなりますよ。弁護士さんたちは難民申請の裁判を支援したりしてがんばっているけどね」と松澤さん。

「日本はトルコよりいいじゃない。トルコだと医者だって弁護士だって、関係なくすぐ捕まえちゃうよ」

そういってエルマスさんは紅茶を入れ、手づくりの甘いピスタチオのケーキを出してくれた。おいしかった。

少しイスラームのことについて聞いていいですか？　といったとき、メメトさんは突然感情が高ぶったのか、ふだん大きな声がますます大きくなった。

「宗教は人の心のなかのこと、それが政治の種になっちゃった。あれはイスラームじゃないよ。イスラームはもともと人のものにさわることも禁止している。それなのに、人の国に入って、首を切ったりする。神のためだったらなぜひとつになれないの？」

あ、イスラーム国のことではなく、イスラーム教のこと。

「そうか。でもあまりイスラームといいたくない。トルコでクルド人は自由を求めて戦っています。トルコの若者は18歳になると大学へ行くか、軍隊へ行くか、選ぶことになる。徴兵は1年3ヶ月。クルド人も兵隊に行かされます。するとクルド人のために戦っているPKKと、クルド人同士で戦うことになる。それは辛い。

トルコではクルド人はクルド人というだけで差別され、大学まで行ってもいい仕事につけない。未来がない。徴兵もいやだし、差別されるのもいやなので、みんな大変な思いをして、よその国へ亡命するけど、亡命した国でもやっぱり難民は保護されないし、差別される。でも松澤さんみたいに、私たちと付き合って一緒に考えてくれる日本人もいる。弁護士さんたちもいる。それでどうにか私たちも生きているんです」

クルド人のおかれた状況、ここまでとは知りませんでした。クルドの文化はいまの生活に生きていますか？

「家では豚肉を食べません。子どもたちは家ではクルド語、学校では日本語。メメトは仕事で日本語を使うから私がいちばん下手。トルコ語は使いません」とエルマスさん。

松澤さんによればトルコはクルド語の公的な場での使用を禁じていた時期もあったという。

クルド語とトルコ語はそんなに違うのですか？

「クルド語はペルシア語に近い。トルコ語とはグループが違う（トルコ語はテュルク語族、クルド語はインド・ヨーロッパ語族イラン語派）」

在日クルド人同士のお付き合いはありますか？

「仲良くしてます。助け合ったり。お父さんたち、どんなにがんばっても、生活はぎりぎり。だから私も働きたい。本当はクルド料理のお店を開いたり、お料理教室もしたいけど、まだ子どもに手がかかるので、これからです」

「今後は家庭にいる女性の仕事も開発しなければなりません。日本人でも、旦那ひとりの給料で子どもに高等教育を与えるのは無理な時代ですから」と松澤さんも続ける。

途中、モスクに行ったり、ラマダンをしたりはしないのですか？　という私の質問に、夫婦は顔を見交わし、「しません」と答えた。こうなると「お隣りのイスラーム」というテーマからは外れてしまうのかもしれないが、衣食住など文化の話を聞く余裕もないほど、政治がこみ入っている。この家族はいままで会ったどの人々より大変な生活を強いられてきたようにみえる。それでも在日クルド人のなかでは恵まれているという。なにか私ができることはないか。

「月に一度、蕨市のクルド人たちが集まって蕨市民公園でボランティア清掃をしたり、毎年3月にはそこでクルド人の伝統的な新年祭『ネブロス』をやっているから、ぜひいらしてください。きっとなにかとっかかりが見つかりますよ」と松澤さんは誘ってくれた。

私、イスタンブールで見てきたトルコとあまりに違うのに驚きました。

「イスタンブールだけ行ったからだよ。東のクルド人地域を見ればわかるよ」とメメトさん。

「急に思いついた女ひとり旅だったので、勇気がなくて。イスタンブールではタクシム広場の近くのゲジ公園を再開発のために取り壊そうとしていましたね」

「そうだよ。２年前（２０１３年）の再開発反対のデモで、トルコの警官隊に学生たちが殺されたんだよ。14歳の子どもも。あれはゲジ公園が社会主義者の溜まり場だった歴史があるからつぶしたかっただけ。そんな歴史のある公園にショッピングセンターをつくろうとしたんだよ」

そういうことは日本ではまったくニュースになっていませんね。

「ＢＢＣのワールドニュースを見ていればわかるよ。トルコの、というより世界の町のようなイスタンブールでも戦いが始まっているんだ。ＥＵに加盟したいエルドアン（首相）はいろん

上・中：蕨市民公園でのネブロスの様子（2014年と2008年）下：蕨市民公園のボランティア清掃（2014年）©クルドを知る会

なことを隠している。ＰＫＫへの空爆は続いているし、ＩＳと通じている政府関係者がいるという噂もある。トルコはこれからシリアよりひどくなる可能性があるよ。いま５５０人の国会で80人いるＨＤＰ（国民民主主義党。クルド系だがリベラルや左派の支持も受けている）の議員たちが、状況がひどくならないようにがんばってくれているけど」

トルコはボスポラス海峡の海底トンネルや、地下鉄整備事業を日本の円借款でやっていますね。

「それもトルコの民衆のためというより、トルコの支配者の賄賂にしかなっていないかもしれない」と松澤さん。

あまりに長い話に、食事をすませた３人の娘さんが出てきた。長女の名前の意味はクルド語で「存在」。将来、何になりたいの？「お医者さん！」エルマスさん、「なってほしい。お金は自分の子どものために使うもの、子どもがいちばん大事。いくらかかってもかまわない」。次女の名前はクルド語で「太陽」、「警察官になりたい。『警視庁捜査一課９係』というテレビドラマがかっこよかったから」。３女の名前は、雪の下で咲く「雪割草」という意味。弁護士になりたいという。みんな夢が大きいねえ。

「ぼくはジャーナリストになりたかったよ。あなたみたいに本を書く人になりたかった」とメトさん。政治や社会について実に知識があり、よく考えている方だ。

メメトさんも故郷に家族はいるの？

「80歳近い母さんと兄貴と妹がいるけど、お母さん、もう忘れているだろうなあ。耳が悪いから電話をしても聞こえないし。もう21年経つものなあ」

昨日、お父さんは工事現場に飛びこんできたインコを保護し、かごを買ってそれに入れて帰ってきた。姉妹たちはその新しいお客の世話に夢中のようだ。

「勤めていても食べるにはどうにかなった。でもこの子たちがもう少し大きくなれば、教育費がいる。夢をかなえてあげたいから」

亡命というとナチス・ドイツからアメリカに逃げたユダヤ人知識人のように、特別な人が国境を越えることをいう。これに対して一般大衆は難民といわれて厄介者のように扱われる。難民から亡命の距離は遠い。しかし私たちも原発事故で日本に住めなくなることも考えられる。徴兵制ができたら外国に行くからいいという若者もいるが、全員が逃げられるわけではない。そういうとき、世界の国がどう日本人を受け入れるか、それはいま日本がどう外国人を受け入れているか、それが鏡となるだろう。

＊＊＊

その後のワラビスタン——正確な統計はないものの蕨・川口周辺のクルド人はおそらく2000人近くに増えているという。松澤さんたちの「クルドを知る会」は、仮放免のままで保険のないクルドの人たちの医療問題と、子どもたちの教育問題をいちばんの課題として、行政や学校と相談を重ねている。

「日本で2016年に1万901人が難民申請をして、認定されたのはわずか28人。世界的にみても極端に少ない数字で、世界でも問題視されています。一方で、経団連は人手が足りないからと外国人技能実習生や留学生を増やす方針を示しましたが、期限つきの採用、かつ待遇の悪さでトラブルになることが多い。日本に対しての印象も悪くなる。であれば、政情が不安定な国から命からがら逃げてきた人たちをどうして助けないのか。疑問です」

年に1回、蕨市民公園で開かれてきた「ネブロス」は騒音などの苦情により、昨年から場所を移して開催されている。松澤さんたちは、2017年12月に地元の出版社・さわらび舎より、トルコを代表する作家ムラトハン・ムンガンの『あるデルスィムの物語――クルド文学短編集』を刊行した。まずはクルドの文化を知ってもらうことからと。デルスィムとは1937年、トルコ共和国初期の少数民族虐殺事件のことである。

メメトさんは「心配なことは多いよ、でもここでがんばるしかない」と、今日も昼夜仕事にはげんでいる。

セネガル

ジャトゥー・ンゴムさん

人材派遣会社勤務

新宿御苑の緑が近いオフィスにその人は迎えてくれた。すらりと背が高いのに驚いた。「学生のころ、バスケットの選手をしていたんですよ」とにこっとする。

ワンピースにジャケット。琥珀色の肌にまっすぐ見つめる黒い瞳が輝いている。こんな若い人にインタビューをするのは初めてだ。１９８６年生まれ。でも、とてつもなくしっかりしているし、日本語もとても上手。

2015年11月

「私の名前はジャトゥー・ンゴムといいます。ンゴムが名字で、愛称がハディジャ、これはムハンマドの奥さんのお名前からとったもので、ふだんはハディと呼ばれています。日本には高校1年のときに来ました。その年、高校生向けの日本の国費外国人留学生制度がセネガルで初めて実施されて、選ばれたのは全国で4人だったかな。通っていた学校からは私ひとりでした」

希望していたのですか?

「いいえ、まったく(笑)。中学の先生が『こんなのがあるけど』と声をかけてくれたんです。行く行く! という感じでもなくて、わくわく感もなかったですね。私の父はそのころ病院に勤めていました。母はセネガルの民族衣装ブブのデザイナー。私にはいろんな国に行って、国際的に活躍したいという夢がありました。セネガルでは旧宗主国フランスに留学する人が多くて、私も高校を卒業したらどこかに留学したい、フランスの大学入学資格証明バカロレアを受けようかなとか思っていたのですが。でも父が、『行ってみたら? お前ならできる、日本は遠いけど、どこへ行ってもアッラーがお前を見守っているよ』と励ましてくれた」

ふつう日本語学校とかで日本語を勉強してから学校に入りますよね。

「まったくできないまま、いきなり日本の高校に飛びこみました。飛行機のトランジットをしたフランスで出会った人が、『こんにちは』という日本の挨拶を教えてくれて、それで留学先の長崎女子高校の教室に入ったとき、『こんにちは』といったら、『えー! 日本語しゃべれるんだ！』とみんな驚いていた。外国人留学生は学校で私ひとり。それに女子校だから大騒ぎですよ、でもそれしか知らなかった（笑）」

ハディさんの母国語は？

「ウォロフ語です。公用語はフランス語。私はそれ以外に英語ができるのと、スペイン語も今年中にマスターしたいと思っています」

すごい！　ところで、どんなところが大変だったんですか？

「いまでこそありがたい経験だなと思えるけど、最初の1年はとにかく、しんどくてしんどくて。だって16歳の女の子が言葉も食べ物も文化も習慣もぜんぜん違う国にアフリカからひとりで来たんですよ。同級生のほうもアフリカ人というとこういうイメージがあったみたいで、休みの日に私服を着ていたら、『ハディ、洋服着るの？　みんな来て来て！　ハディが洋服着てる！』と驚かれた。セネガルの写真を見せたら、『携帯電話あるんだ！』とまた驚かれて。アフリカ人は槍《やり》を持って戦っていて、その辺をライオンが歩いていると思っていたらしいです（笑）。

私も日本についてはその程度の知識しかなかった。フジヤマ、ゲイシャ、ニンジャ。最初はとにかく日本語がまったくできなくて、授業についていけませんでした。わからなくても教室にいなくてはならなかった。でも席が窓側で、それが唯一嬉しかったんです。いつも窓の外ばかり見ていたら、英語の先生に『ハディ、授業についていけないのはわかるけど、なんで外ばかり見ているの？』と聞かれて……実は、いつ忍者が空から飛びおりてくるかと大まじめに期待していたんです（笑）。日本には普通にいるものだと思っていました」

食べ物は口に合いましたか？

「焼肉、しゃぶしゃぶ、すき焼き、うなぎ、お好み焼きは大好きです。あと、そばとうどんも。贅沢な外人と友だちにいわれます。でも豆腐だけはだめ。実は高校時代、寮のカフェテリアで毎回初めて見るものをおそるおそる食べていたんです。それで、あるとき、小皿に載ったチーズケーキがある！　やった！　と嬉しくなって選んだ。なんで日本人はみんな最初にデザートを食べるんだろうと不思議に思いながら、私は大事に最後までとっておいた。がんばってほかのものを食べて、楽しみに口に入れた瞬間の味！　ぜんぜん味がしないじゃないですか?!　もう本当にショッキングでした。そこからはもうだめです。納豆もだめ」

お刺身とか食べますか？

「残念ながら……。セネガルは大西洋に面していて魚はとれますが、生では食べない。魚や野菜を煮込んで、その煮汁でお米を炊いて、煮込んだ具と一緒に食べるのが一般的です。それがセネガルでいちばん有名な料理チェブジェン、ウォロフ語で『チェブ』がお米、『ジェン』が魚。おいしいですよ。これも一般のアフリカのイメージとは違って、セネガルでは水に困ることがないんです。西に大西洋、北にはセネガル川、中部にはガンビア川が流れていて、湖もある。水田でお米もつくっています。主食はお米ですが、フランスの文化がけっこう入っていて、朝食にはみんな砂糖をいっぱい入れたコーヒーと一緒に、パンを食べています」

へえー。セネガルの食文化、初めて知りました。日本語はどうやって習得したんですか？

「高校の先生が時間をつくって一対一で教えてくれました。この前、その先生が東京に来てくださったんです。年賀状交換はしていたけど、高校を卒業してから会う機会がなくて。会ったら、とにかくありがとうと御礼がいいたかった。それでは足りないくらいお世話になったので。でも、新宿駅で待ち合わせをしていざ目の前にいたら、涙があふれて言葉になりませんでした」

その高校から愛媛の短大に進まれたんですね。

「愛媛といっても松山じゃありません。宇和島です。ここでも寮生活でしたが、寮を出るとすぐに普通の住宅が並んでいて、日本らしいいいところでした。宇和島でもとても親切な日本人に会いました。実は高校時代には辛くて、日本にはもう戻らないという気分で、しばらく帰国していたときもありましたし、アメリカに行くチャンスもあったんです。でもそういう出会いがあったからいままで日本でやってこれた。本当に感謝しかないです」

ハディさんが一生懸命生きているから助けてくれる方がいるのね。そこから岡山の大学に入学したんですね。気候のいい温暖なところばかり。

「短大では国際交流コースで学びましたが、これじゃ足りない、もっと勉強を続けたいと思って。大学に通いながらホテルやイベント会社、飲食店など、あちこちでインターンをしました。それで、いまの会社の創業者に惚れこんで、そのまま就職したんです。社員は３００人くらいいますが、外国人は私ひとり。４年間、名古屋本社にいて、今年（２０１５年）の５月、東京本社に移りました。長崎、愛媛、岡山と西からどんどん上がってきて、友だちに『東京に転勤になった』といったら、『じゃあ次は札幌だね』といわれました。寒いの苦手なのに（笑）」

どんな仕事をしているんですか？

「ここは企業の人材採用を支援している会社なのですが、私はそのなかで主に外国人採用を担当しています。外国人留学生を新卒で採用したいとか、外国人の転職希望者を中途で採用したいという企業がますます増えているので、そうした企業の要望に応えて、広告やメール、マッチングイベントなどで求人をお手伝いしています。

これから目指したいのは、採用する企業と入社する外国人のミスマッチをなくすこと。入社後に、こんなはずじゃなかったとなったら、お互いにとって不幸ですから。仕事を探している人には、会社の大きさや知名度だけでなく、ビジョンや社風、職場の雰囲気などもよく知ったうえで選んでほしいと思います。そのために私ができることは、企業のじゅうぶんな情報を伝えていくことだと思っています。

今後は、実際にそこで働いてみることができる、外国人向けのインターンシップなども企画したいですね」

先ほどから美しい日本語と、日本の企業人としてのエチケットを身につけられているのに感心していますが、ちょっと堅苦しいなと思うことはありませんか？

「そうですね。セネガルならもっと自由がきくと思うこともあります。ただ、採用の場なので、ある程度のマナーは大事です。それにたとえば、クールビズといってもどのくらいまで自由にしていいのか、外国人にとってはなかなかわかりにくいんです。そういうことを日本人の上司に聞いたりして、留学生に伝えています」

イスラームのこと、ハディさんの会社の皆さんは配慮してくれますか？

「飲み会の席でもわざわざ説明しなくても大丈夫。最近飲まない人も多いですし。私がジュースを頼んでも、『なんでジュースなの、お酒飲めないの？』とか聞いてくる人はほとんどいません。豚肉を使った料理が出ても、みんなでシェアする頼み方であれば、違うつまみを食べていればいいですし。友だちも『これだったら大丈夫？』って聞いてくれたり。ハラールフードでなくちゃというのもそんなになくて、あったらいいけど、なければあるものを食べるという感じです。

ラマダンのときは上司にいちおういいますね。『何日からラマダンが始まるのでよろしくお願いします』って。1ヶ月間はお昼を食べないし、6時には帰りますから。でもこの会社の退社時間は6時なので、問題ないんですけどね。ただ、残業ができないぶん、集中して仕事をするようにしています。最近では、『ハディ、そろそろラマダンでしょ』なんて私よりよく知っている同僚もいて（笑）。

会社ではお祈りはしません。朝、出かける前と夜帰ってからします。代々木のモスクに行くこともあります。在日セネガル人は日本に数百人くらいかな。ほかにもトルコ人や中東の人や最近では日本人のムスリムもいますね。言葉とか文化とか関係なく、ひとつの神様ということで親しみを感じます」

セネガルにイスラームはいつ入ってきたのでしょうか?

「わー、わからない（11世紀に伝来したとされる）。でも、生まれたときからイスラームです。セネガル人の95%がムスリムですし。だけどアラブ人ではないから見た目ではわからない。日本ではセネガル人がイスラーム教徒だなんて思わない人が多いですね。

日本には無宗教の人も仏教徒も神道の人もクリスチャンもイスラームの人もいて、何教だからと排除されたり差別されたりはしない。日本のそこがプラスの面だと思うし、好きなんです。結婚式も仏式神式キリスト教式、初詣で鐘をついて、クリスマスもハロウィンもなんでもあり、面白いです！　それこそが平和じゃないですか。セネガルはイスラームですが、ハッピーニューイヤーも、クリスマスもハロウィンもやるし、なんでも楽しもうというところは似ている気がします」

国によって違いがあると思いますが、セネガルのイスラームとは。

「もちろん豚肉は食べません。牛や鶏は食べます。お酒も煙草もだめです。ラマダンはします。毎日お祈りもします。これは決まりで当たり前のこと。でもそれで日本に来て困ったことはないんです。お互いをリスペクトして大事にする、嘘をついちゃいけない、体を売ってはいけない、悪いことをすると神様が見ている、そういう教えを守れば世界中どこでも生きていける。実際、アッラーが見守っていてくれると父からいわれたことが、ひとりで知らない国に来た高校生のときから支えになっています。

ただ、ほかの国と違うのはセネガルではフランスの文化の影響もあって、女性がヒジャブなどで頭を覆うとか肌を見せてはいけないということはないですね。日本でジムに行くと、私の恰好を見て、友だちから『あれ、イスラームじゃなかったっけ』といわれます(笑)」

休みの日はジムに行くことが多いの？

「ジムはたまにです。オンとオフをはっきりさせているので、平日がバタバタなぶん、休みの

ブブを着たハディさん　©Ngom Diatou

土日はわりとインドア、DVDを見たりして、家でのんびりしていますね。料理をするのも、友だちを呼ぶのも好きです。

日本でのアフリカ関係のイベントに招かれることも多くて、呼ばれれば全国どこでもお手伝いにいきます。小学校などにセネガルのことを話しにいくこともあります」

どんなお話をするんですか？

「セネガルにも貧富の差があって、学校に行きたいのに行けない子どもがたくさんいる。行ける子でも何キロも何時間も靴もなしに雨のなかを歩いて通ったり。そういう話をすると子どもたちはびっくりしています。日本の教室にはなんでもあって、クーラーまでついている。だから、いまいる場所を大事にしてほしいということを伝えます。

セネガルに一時帰国したときには、今度は日本の文化のアピールに呼ばれたりして。そういうときは自分ひとりのNGOで、船便や手荷物で、日本で使わなくなったものをセネガルの子どもに持っていきます。みんな大喜びで、大事に使ってくれる。文房具や洋服、バッグでもなんでも。やりたいから個人的にやっていることですが、賛同してくれる日本人の友だちから託されたものを持っていくこともあります。

それからセネガルでは出産のときにお母さんが死んだり、赤ちゃんが死んだりすることが多いんです。まだまだ整っていない。それもどうにかしていい環境で子どもを産ませてあげたいなと思っています」

セネガルについてもう少し伺いたいです。どんな国なんでしょう？

「治安がよくて、政治もまわりの国に比べて安定しています。女性が社会に出て働くというのは普通のことで、社会でいいポジションについている人もいる。アミナタ・トゥーレ前首相も史上ふたり目の女性の首相なんです。

私が生まれ育ったのはセネガル第二の都市のティエス。これも皆さんが想像するような屋根のない家ではなく（笑）、コンクリートの建物が並んだ町です。ティエスは内陸ですが、国は

上：首都ダカールの町並み（2007年）©時事通信フォト　中：ダカールのンゴール区（2017年）creative commons by Prenlaye　下：バオバブの木　©Avalon/時事通信フォト

大西洋に面しているので、沖縄みたいに海がきれいで、ヨーロッパからの観光客もめちゃくちゃ多いです。

楽器のジャンベ（太鼓）は西アフリカのもの。音楽も盛んで、料理もセネガルが西アフリカ一おいしい、ファッションもいちばんセンスがいいといわれています。ふだんはTシャツにジーンズを履いていても、金曜日にはみんな民族衣装のブブを着る。それも新しいデザインのものがどんどん生まれています。あとは女性がきれいだともいわれています……って、私がいうとおかしいですね（笑）」

ご家族はセネガルにいらっしゃるのね。

「はい。父は2006年、私が短大にいたころに亡くなり、母がこのところ体調を崩しているのでこの前も帰りました。姉がふたりいて、ひとりは結婚、もうひとりはセネガルのフランス系の会社で働いています。弟は最近、日本に来て、名古屋で日本語学校に通っています。向こうでビジネス専門学校に通っていたのですが、卒業してからなかなかいい仕事がなくて。セネガルはコネが大きいんですよね。だから私がなにかしてあげないとと思って、ヘルプしています。

母のことは心配です。帰ると父のお墓にまず行って、生きていたときと同じように、いろんなことを報告します。父も私を待っていてくれていると感じます」

これからも日本で、ずっとこの会社に勤めますか？

「会社は好きですし、満足していますが、私には、ほかにセネガルと日本の懸け橋になりたいという夢があって、いまはその準備期間なんです。

いまの仕事も企業と就職したい人の懸け橋ですし、交流イベントでは文化と文化をつないでいるともいえますが。

小さいときに、国連とかユネスコの人たちがアフリカの貧しい地域に食べ物や薬を届けるドキュメンタリーをテレビで見て、片方は白人で、片方はアフリカ人。文化も言葉も違うのに、どうやって言葉が通じているのかが本当に不思議でした。もちろん受け取った側が喜んでいるのも、助けてあげたいという気持ちも表情でわかるけど。そのときいつか私がそのあいだに立ちたいなと思ったんです。

それは最初から上司もわかってくれていて、私の夢をみんなで応援してくれています」

いま日本の若者はあまり夢がないともいわれるのですが。

「夢のない人生はもったいない！　でも誰でもきっと胸のなかにあるんですよ。もしかすると、できるんだろうかという不安でいえないのかもしれない。いろいろ聞いたらきっと出てくるはずです。私がヒアリングしてあげたいくらい（笑）」

それにしても、すっかり仕事のお邪魔をしてしまった。

ハディさんは立ち上がってエレベーターのところまで私たちを送り、階下へのボタンを押し、にこやかにお辞儀をしてくれた。それは完璧な企業人のマナーだった。すばらしい若い人にまた会えたという喜びと、名残惜しく、また会いたいという気持ちが交錯した。帰ってあらためてセネガルについて調べると、首都のダカールはかつてパリ・ダカール・ラリーのレースの終点で、熱帯乾燥気候でバオバブの木が生えている国土ということだった。いつか彼女がセネガルを案内する会社を立ち上げたら、私は真っ先にお客になろうと思う。

＊＊＊

その後のハディさん――「あれからいろいろ変わりましたよー」の言葉どおり、ハディさんは知人の紹介で知り合ったセネガル人男性と結婚、男の子のお母さんになっていた。勤めていた会社は退職し、「Ｄ－ｗａｙｓ」（Ｄはドリーム、デベロップメント、ダイバーシティの意）という名前の個人事業を立ち上げ、駐日セネガル大使館とも相談しながら、セネガルや西アフリカの文化を紹介する交流イベントの企画や、両国のあいだのビジネスに関心のある人への仲介業などを手がけ、夢への第一歩を踏みだしている。

２０１７年の秋には出産後初めて故郷に一時帰国した。「向こうの家族は、私に会うよりみんなこの子に会いたいんですよ。一家のアイドルです」。セネガルでも、日本とのビジネスや文化交流に関心のある人とのアポで予定はびっしりだ。

パレスチナ

ユセフ・サラマさん

研究者

2016年2月

日本に暮らすムスリムは10万人以上、いままで出会っていない国の人、職業の人を探していたら、パレスチナ人の若い医師を間接的に紹介してくださった方がいた。高橋美香さんといって、パレスチナを主に撮りつづけている写真家・ジャーナリストだ。『パレスチナ・そこにある日常』（未來社）という本も書かれている。

実は私が22歳のとき、勤めていた出版社で最初につくった本が共同通信のベイルート特派員であった坂井定雄さんの『燃えるパレスチナ』（サイマル出版会）だった。1978年、エジプトのサダト大統領とイスラエルのベギン首相が、第2次世界大戦後、4次にわたって続けられてきた中東戦争を停止するという歴史的な和解をしたころだ。もっともこのあとサダトは暗殺され、和解は実現しなかった。そのときに集中してパレスチナ問題を勉強したが、その後、複雑な政治が続き、様子がわからない。1970年代の中ごろまで1ドルがおよそ280円もしたし、中東取材には新聞や通信社の特派員くらいしか行けなかったのが、あれから40年、若いフリーのジャーナリストが果敢に現地に入っているのには驚く。

かつてパレスチナの地はローマ帝国に征服され、もともとこのあたりにいたユダヤ人は、離散ユダヤ人ディアスポラとして世界中に広がり、多くは各地でユダヤ人居住区であるゲットーに押しこめられ、差別を受けてきた。それはシェイクスピアの『ベニスの商人』やアンデルセンの『即興詩人』まで、文学作品にも色濃く登場する。

弾圧のきわめつけが19世紀末からのロシアにおけるユダヤ人虐殺（ポグロム）やナチスによるホロコーストといえよう。その間、パレスチナの地は長くオスマン帝国の統治下にあり、第1次世界大戦後はイギリスの委任統治領となった。このイギリスが、パレスチナ人には独立を、ユダヤ人にはこの地に民族的郷土の建設を約束したことが、将来の火種を生むことになる。

第2次世界大戦後に国連でパレスチナの分割決議案が採択され、それぞれの領土案が示されると、1948年5月14日、ユダヤ人たちは約束の地とされるカナン（パレスチナ）に念願の「イスラエル」という国家を建設した。ところが今度はその地にもとからいたイスラーム教徒のパレスチナ人の多くが難民化、差別されることになった。いわゆる「パレスチナ問題」で、これをめぐって1次から4次の中東戦争が行われてきた。

1960年代にはPLO（パレスチナ解放機構）が創立、その象徴的指導者がアラファト議長である。エジプトやヨルダンなどアラブ諸国に囲まれたイスラエルの国防軍は、軍備の増強に次ぐ増強を進めた。曲節の末、第3次中東戦争で勝利したイスラエルは、1967年、パレスチナ人の住むガザ地区と、死海に接するヨルダン川西岸を占領する。このとき同様に奪われたシナイ半島はのちにエジプトに返還された。一方、イスラエル軍の民間人殺傷に怒るパレスチナ人は何度かの蜂起（インティファーダ）を起こしている。イスラーム内部ではPLOの腐敗を追及し、和平路線に反発するハマスの勢力も伸張した。

1988年7月、ヨルダンはヨルダン川西岸の主権を放棄し、11月、PLOはエルサレムを首都とするパレスチナ国の独立を宣言、93年にはオスロ合意によりパレスチナの一部の自治が開始されるも、いまだ真の自治権は回復されていない。ガザ地区とヨルダン川西岸地区など自治区は分断され、ほとんど行き来ができず、イスラエルとパレスチナの貧富の差も広がっているという。

パレスチナ人、ユセフさんとはJR目黒駅で待ち合わせた。渋谷でモデルにスカウトされたこともあるという黒いジャケットを着た長身の男性は、「お会いできて光栄です。日本の方にパレスチナに関心をもっていただけて嬉しいです」と手を差しだした。「私が日本に来たのはもちろん勉強のためですが、文化の交流や、友情を紡ごうという目的もありますから」

ユセフさんは、高橋美香さんをよく知っていた。「彼女はパレスチナを取材中にぼくの実家にも泊まったことがあるんですよ」

彼女が初めて知り合った日本人ですか?

「いえ違います。ぼくが学んでいたパレスチナ・ナーブルスの国立ナジャハ大学に、国際文化交流のプログラムがあって、そこでボランティアをしていた日本人がいました。大野木雄樹というすごくラブリーな心の広い人で、みんなに人気があった。ぼくも友だちになって、日本の食や文化については彼にずいぶん教わりました。いま彼はNGOに所属してシリア難民やガザ難民の支援をしていると思います」

まず、お名前を正確に教えてください。

「フルネームはユセフ・マフムード・モハマッド・サラマといいます。もうすぐ30歳。サラマが姓で、ユセフが名前。マフムードは父の名前、モハマッドが祖父の名前です」

まあ、ずいぶん長いのですね。

「ふだんは途中をM・Mと略しています。ユセフは旧約聖書に出てくる『ヨセフ』で、イスラエルではよくある名前です。パレスチナでも同様に、イエスやアブラハム、モーセなどの預言者の名前を子どもにつけるんですよ」

いままでイラン人やパキスタン人では7世紀のムハンマドやその娘ファーティマの名前をつけた人には会ったが、場所柄だろうか。旧約聖書は主にこの地域が舞台である。

「政治・経済や軍事問題は自分の専門ではないのでお答えできません」とユセフさんにはいわれていた。現在、日本の国費留学生として医学の研究を続ける彼のキャリアの邪魔にならないように、話を進めたい。考えでなく状況を聞くことにした。

生まれ育ったところはどこですか?

「ウエストバンク（ヨルダン川西岸地区）のナーブルスにほど近い村です。人口約35万人のナーブルスは歴史的な都市で、かつては『スモール・ダマスカス』ともいわれました。シリアと同じ文化的な伝統をもっているんです。この町は小さな村々に囲まれていて、ぼくの村はビディアといいます。

ビディアはウエストバンクでもイスラエル寄りにあって、イスラエルの事実上の首都テルアビブまで車で10分くらいです。ウエストバンクは、東のヨルダンとの国境から西のイスラエルとの国境まで車で2時間もかからない。日本の方には想像もつかないでしょうが、本当に小さな地域です。

同じウエストバンクの自治区といっても、違いがあります。ややこしいんですが、つまりイスラエルという国家のなかにパレスチナ自治区があって、それぞれ、1995年の暫定自治拡大合意に基づいて区分けされているんです。A地区は主に大都市で、行政権も警察権もパレスチナ自治政府がもっている。B地区では行政権はパレスチナ自治政府が、警察権はイスラエル政府がもっている。C地区は行政権も警察権もイスラエル政府がもっている、というように。ぼくたちの生まれ育ったところはイスラエルに近いこともあり、C地区で、イスラエルがすべてコントロールしています」

1995年というと、ユセフさんが小学生のころね。ご家族はどんな構成でしょう?

「父と母と、ぼくを含めた10人きょうだいです。兄弟姉妹でぼくがいちばん上、こんな大家族はたぶんパレスチナでも〝フルイ・スタイル〟(笑)。いまは子どもが3~4人の家が多いです。ぼくはもうすぐ30ですが、いちばん下の子はまだ4歳です。きょうだいが10人もいればお互いに面倒をみたりもします。ぼくはいちばん上ですしね。相当結びつきが強い家族だと思います。父にも10人くらい兄弟姉妹がいましたし、祖父を家長とした大家族でしたが、いまでは親族がそれぞれの家を構え、核家族になっています」

お父さんはどんなご職業でしたか?

「実家は農家で、山がちな土地にオリーブの木が植わっていて、その時々で小規模ながら野菜や小麦、ごま、豆などもつくっています。父はいずれパン屋を開業したいそうですが、開業資金が足りず実現していません。うちの村はテルアビブまで近いので、そこの会社や工場で働く人もいて、父も20年くらい、イスラエル側の建設現場で働いていたことがあります。いまは農業を仕事にしていますが、村や畑を分断するハイウェイ（エルサレム行きの幹線道路）などもできて、畑によってはそれを横切っていくのが難しくなったところもあります」

お母さんは農業はなさらないのですか？

「うちの村では外で働くのは男の仕事です。母は10人もいる子どものために、ご飯をつくったり、家をととのえたり、世話をするので手一杯です。でもオリーブの収穫は家族総出で手伝いますよ。女性はかつては高等教育を受けることなく、家にいるのが一般的でしたが、最近では大学を出て、会社に勤めたりする人も出てきました。うちの村でも農家は少なくなり、モダンライフを謳歌したい人が増えています」

どんなふうに近代化したのでしょう？

「1990年までとそのあとでは生活がまったく違ってしまいました。昔は学校も病院もまったく足りなかった。人口が増え、行政組織も整い、道路もよくなり、近くの村から学校や買い物にみんなが来る『町』になりました。

たとえば昔は田畑を耕したり、ものを運ぶのに馬やロバを使いましたが、いまはほとんど車です。ヤギや鳩や鶏を飼う家も少なくなりました」

こういうふうに聞いていると、ごく普通に近い生活をしているように聞こえますが、ニュースで見るようにイスラエル軍が村を攻撃してくるようなことはあるのでしょうか？

「私たちの暮らす地区は今も昔もイスラエルの占領下にあるんです。イスラエル軍はAでもBでもCでも、いつでも自由に私たちの地区に入ってこれるし、攻撃することもできる。村のまわりにはイスラエル人の入植地ができていますし、われわれは織り重なるように同じ小さな地域に共存している。つまり互いのなかに互いが住んでいるんです。軍が入ってきて軍事行動を起こしたときに、初めて『紛争が起きた』というわけです」

ユセフさんが小さいときから状況は同じなの？

「紛争が身近な場所に生まれ育ったかといわれればそうです。学校でも買い物でも、どこへ行くのにもイスラエル軍の検問を受けなければいけないし、検問所が閉鎖されて、それ以上どこへも行けない、つまり村が封鎖されることもありました。学生時代、ナーブルスに住んでいたとき、イスラエル軍が誰かを逮捕するために装甲車で入ってきて、ビルの前に横づけするのを見たこともあります」

日常にそうしたものが隣り合わせにあるというのが、うーん、なかなか想像できません。

「実際にその場所に行かなければわからないかもしれませんね。ドバイ経由でヨルダンに飛べば、首都アンマンからナーブルスはバスで1時間半くらいです」

ご両親はいま50歳という。私よりひとまわりも下である。

お父さんはユセフさんに何を希望しましたか？

「自分が学校にはじゅうぶんに行けなかったので、子どもたちは上の学校にやりたいと思ったようです。ぼくは本当は物理か化学を学びたかった。医学の道に進もうとは思っていませんでした。でもパレスチナでは物理や化学では食べていけない。すべては職を持てるかどうかです。大学を出ても70~80%は仕事がない。医者とエンジニアだけがどうにか仕事があります。それに医者は人間のいちばん近くにいて人を助けられる仕事ですし。それが父がぼくに医学をすすめた理由です」

ご両親から教わったことは何ですか?

上:ナーブルスの町並み(2005年)
creative commons by Anna Frodesiak
中:国立ナジャハ大学　下:ビディア村

「ネバーギブアップ、あきらめないこと。忍耐強くなれということ。人を嫌わずに、友だちをできるだけつくり、友だちを助けなさい。自分がわからないことに首をつっこむな。責任をもてることだけをきちんとやれ、ということも」

なるほど、すばらしい教えですね。

「父親は農民で、タフではありますが、子どもには自分の経験していないことを経験してほしいと思っていました。海外で違う文化にも触れてほしいと」

インタビューはすべて英語である。

英語がとてもお上手ですが、いつから勉強しましたか？

「学校では小学5年生のときからですかね。ほかに母語としてのアラビア語と、ヘブライ語（イスラエルの公用語のひとつ）も話せます。ヘブライ語は、イスラエルで長く働いて読み書きができる父から教わりました」

ごきょうだいも海外で学んでいるの？

「弟のうちのひとりはパレスチナで会計学を学んでいて、もうひとりは学校をやめてイスラエルの会社で大工として働いています。あとはまだ小さいのでこれからですね」

どういうわけで日本にいらしたのでしょう？

「国立ナジャハ大学を出て、そこで3年ほどティーチング・アシスタントをしていました。うちの大学は首席で出ると博士号取得のために留学させるんです。アメリカやイタリア、イスラエル行きも考えたのですが、奨学金によってはあらかじめ、ある程度、研究内容が決まってしまっている。当時、パレスチナ人には毎年3人、日本政府から博士課程の国費留学生の割り当てがあって、研究内容についても自分で選べたので、それで決めました。この人に学びたいという先生も日本にいましたし。日本は遠いこともあって家族は心配しましたが、最終的にはぼくの決断を尊重して、応援してくれています。数年前にぼくの出身大学が病院をつくるまで、ウエストバンクでは癌を治療するにもイスラエル側の病院に行って高いお金を払わないといけなかった。パレスチナの病院で求められている研究を通して、帰国後はその状況を改善したいと思っています」

初めて日本に来たときの印象は？

「夜の便で成田に着くと、紹介された千葉のホストファミリーが迎えにきてくれていました。このご夫妻はクリスチャンで、福島の被災地支援のほか、パレスチナ問題にもずっと関わってくださっています。彼らの家に2〜3日いて、東京に連れてきてもらったときには、大変なところに来ちゃったなと思いました。人混みのなか、みんなものすごく忙しそうに歩いているし、高層ビルだらけだし、車も多いし……でも、落ち着いてあたりを見回すと、町並みが整っていて、樹木もきれいに植わっていて、ちょっとわくわくしましたね。初めて電車を見たときには特に。パレスチナにはないですから」

最初はどこに住んだんですか？

「はじめに住んだのは港区白金の学生寮でした。金持ちが住むエリアらしいですが、ぼくはまったく（笑）。いまは都内のキリスト教会の寮にお世話になっています。宗教は違いますが、安く住めるので。〝ムスリム・イン・チャーチ〟、このインタビューのタイトルにいいかもしれないね（笑）」

研究は順調にスタートできましたか？

「奨学金で最初の半年か1年、日本語を学ぶこともできました。でも教授のところへ行ったら、『何をしに日本に来た』といわれて、『それはもちろん研究して論文を書くためです』と答えたら、『日本語は5年もいれば話せるようになるから、語学よりすぐにも研究を始めなさい』といわれて。いまは東大で癌の幹細胞と再生医療を研究しています」

研究内容の詳細についても話してくれたのだが、ユセフさんは現在進行中のそれを書かれることに慎重だった。

わかりました。では日本での日常生活の話をしてくださいますか？　日本の食べ物はいかがです？

「アイ・ラブ・スシ（笑）。うどんもそばも焼肉もしゃぶしゃぶもなんでも好きです。ガザ地区は地中海に面しているからおいしい魚がとれるけど、ウエストバンクは内陸なので、アルゼンチンの冷凍魚くらいしか売っていない。

昔は父がイスラエルから魚を買ってきてくれましたが……。生魚を食べたのは日本が初めてで、寿司の写真をスカイプで家族に見せたら、ものすごくうらやましがられました。でも家で自分でパレスチナの料理をつくるのも好きですよ。パレスチナにいたころはフムスやファラフエル（ヒヨコ豆のコロッケ）をよく食べましたね。パレスチナではカバブや煮込みなど肉も食べますが、安い豆料理は庶民の味方です」

故郷に帰ることもありますか？

「いえ、来日以来帰ってないんです。遠いし、航空券が高いというのもあるけど、いちばんの理由はネズミ。研究用に遺伝子を操作したラットを飼っているんです。うちのラボには欧米や中国などからの留学生もいて国際色豊かですが、2～3日なら仲間に頼めても、そんなに長くはお願いできない。それに育てるのに2年かかったから、死んじゃったらこれまでの研究が……（笑）。細胞の培養もありますし。

いまは離れて暮らしていますが、ホストファミリーのご夫妻のことは日本のファーザー、マザーと呼んでいて、時間ができると千葉の家に帰ることはあります。何かしらの手続きとか困ったことがあると、東京のぼくのところにすぐ飛んできて助けてもくれる。〝ホントニヤサシイ〟。これまでこれほどのカインドネスに出会ったことがないくらい。もう第二の家族だと思っています。彼らは去年、ぼくのパレスチナの実家も訪ねてくれました。いずれ日本を離れるときのことを考えると寂しくて泣きそうになります。『パレスチナのぼくの一族の土地の一画を差し上げますから家を建てませんか』とお願いしたくらいです」

日本語は話せるようになりましたか？

「どう思います？（笑）ラボでは論文を書くのも、会話もほとんどが英語です。もちろん休みの日にはYouTubeで日本語を自己学習してますよ。辞書を引いたりして。なんとかサバイブできているし、買い物くらいなら困らなくなりました」

日本でもモスクにお祈りにいきますか？

「金曜日に時間の都合がつけば。麻布に、サウジアラビア大使館付属のアラビア語とイスラーム文化を教えるとても小さな学校、アラブ・イスラーム学院があるんです。ラボからも近いのでその付属のモスクに行きますね。パキスタン人やチュニジア人、エジプト人などの友だちにも会えるし、いい気分転換にもなる。

来日してからもう3回、ラマダンを迎えました。東京は湿度も高いし暑いし、大変（笑）。でもふだんもラボにいると研究で食事どころじゃないからね。朝は8時に行きますが、気づけばあっという間に夜の7時で、あ、ご飯食べなくちゃ、という時間になっちゃう。たいてい夜の12時近くまでラボにいます」

本当にお忙しいですね。博士号取得を目指しておられるのですね。

「ええ、そのあとどうするか、国に帰るのか、ポスドク（博士研究員）としてどこか国外でさらに研究を続けるのか。考えているところです」

すばらしいですね。日本では若い人々に正規の職がなくて、格差も広がり、夢をもちにくいともいわれています。

「どんな単純な仕事でも、外国人が来てやっているところを見ると、日本には仕事がないわけじゃない。でもパレスチナの場合は仕事そのものがないんです。日本に来て、ミュージシャンやアーティストになりたいという若者に会って少し驚きました。そのための学校もあるんですよね。パレスチナではそれで食べていくことはできないので、そんな選択肢ははじめからない。仕事を選べるだけ日本人のほうが恵まれていると思います。将来、パレスチナも誰にでもチャンスが与えられる国になるといいのですが。

ただパレスチナでは家族の絆が強いから、仕事がなくても、家族のところにいればなんとかしのげるんです。お金はそうかからないし、食べ物は畑でつくっているし。そういう意味では東京はコーヒー1杯が数百円して、仕事がないと家賃も税金も払えないし、食べていけない。そこが大変ですね」

パレスチナについて知ってほしいことはありますか？

「来日早々にパレスチナについてＪＩＣＡ（国際協力機構）で講演したときは10人くらいしか集まらなくて関心の低さのためだろうかと落ちこみましたが、最近は〝スゴイ〟たくさん人が来てくれます。ぼくたちはサムライの映画を観て育って、あの勇気ある礼儀正しい人々のいる国に行ってみたいと思った。

個人のボランティアの方たちはもちろん、日本政府がさまざまな分野でパレスチナを支援して、巨額のお金を投資してくださることにとても感謝しているということも知ってほしいです。それによってぼくたちは学校や病院や道路をつくることができる。東アジアでもこんなにしてくれるのは日本だけです。

そうそう、明日（2016年2月14日）、パレスチナ自治政府の大統領が来日して天皇にご挨拶して、東北の被災地も訪問するそうです」

マフムード・アッバース大統領ですね。

「はい。去年は日本の首相がパレスチナにみえました。パレスチナと日本の結びつきが嬉しいです」

ユセフさんは流暢な英語を話しながら、ときどき「だから」「そうそう」「スゴイ」「本当?」などと日本語を挟むのだった。かなり遅くなったのでインタビューを切り上げると、ユセフさんは束の間のオフを楽しみに目黒の町に消えていった。

高橋美香さんの本には、イスラエルがパレスチナの領土に入植している様子や、土地を分断する高い分離壁、そこで数年にわたって続けられているパレスチナ人と国外の支援者による非暴力デモなどの写真が掲載されている。ユセフさんの故郷の近くでも民間人の拘留者や死者が出ているという。しかし初めて会ったユセフさんに、お互い母語ではない言葉でそういう話を切りだすのはためらわれた。後日、ユセフさんから送られてきた村の写真には、そうした争いのかげはなく、静かなオリーブの丘が広がっていた。だからこそ「聞けなかったこと」「語られなかったこと」が強く心に残った。

＊＊＊

その後のユセフさん――ユセフさんは２０１７年9月、博士号の学位記授与式を迎え、現在は研究員兼英語教師として、東京大学に残っている。

卒業後、実に6年ぶりに故郷パレスチナに一時帰国した。「結婚したきょうだいがいたり、

上：東京大学の学位記授与式。右から2番目よりユセフさんの“日本のファーザー”、ユセフさん、ハイジッヒ・ベアーテ准教授、駐日パレスチナ常駐総代表　中：“日本のマザー”と　下：ご家族とヨルダンにて（いずれも2017年）以上すべて©Yousef Salameh

ナーブルスの町にも人が増えて、やっぱり変わったところもあったけど、小学校のときの先生や友だちが家に訪ねてきてくれて嬉しかったよ」。故郷では有名人で、地元テレビ局から取材を受け、母校でも研究発表を行い、共同研究も決まった。「研究用のネズミの面倒を一緒にみてくれる人もできたし」、今後もドイツなど、国外の大学との共同研究で世界を飛びまわる日が続く。

「それでも目黒に帰ってくると、ぼくはここに属していると思う。このあたりは大学と寮の行き帰りに6年も歩いた町だから、ここがホームだっていう気がするんだ」

マレーシア

カイルンニサ・ビンティ・ムハマド・パアドさん

研究者&ジャズシンガー

2016年6月

私は長いこと、明治や大正に生まれた人生の先輩たち、男女問わず日本人に話を聞いてきた。今回はほとんど自分より年下の人ばかりに話を聞く。人生経験の少ない若者に話を聞いて何を学べるのかと最初は思った。毎回、その傲慢な考えは打ち砕かれた。彼らは私の知らない土地に生まれ、そこを離れ、自分を育て、固有の体験をしていた。

いままで登場していないイスラーム圏の人を探して、20代のマレーシア人女性と出会った。

彼女が青山のマレーシア・レストランに現れたとき、そこにふわっと花が咲いたようだった。「N・isa」の名でジャズ歌手をしていると聞いていたが、本業は博士課程在学中の研究者である。やってきた彼女は、さっそく、料理を頼んだ。それもそのはず、ラマダン中で、昨夜からずっと何も食べていないのだという。

「私のおすすめはこれ」。彼女は躊躇なくメニューを指差す。鶏肉のローストとソフトシェルクラブ、甘いタレに漬けこんで焼いたサテー（焼き鳥）、揚げ魚の生姜煮イカンゴレンハリアを選んだ。むろんお酒は飲まない。最初に運ばれてきたのはデーツ。「これは栄養があって、消化が遅いから、ラマダンのときにぴったりなんです」。マレーシアは料理のおいしい国である。

ニサさんのお生まれはどこですか?

「マレーシアでもボルネオ島の上半分、サバ州のコタキナバルという町です」

ボルネオ島は世界で3番目に大きな島で、北半分がマレーシアのサバ州とサラワク州、南半分はインドネシアのカリマンタン、北部にはブルネイもある。

日本人がよくゴルフをしにいったりしますね。

「います、います。成田から週に2回、直行便があって、フライトは6時間半。日本との時差が1時間です。日本に来て9年目ですが、再開発で帰るたびに変わって驚きます。あれ?　あそこは何があったっけって。物価も高くなったし。でも時間の流れを忘れるくらい、いまも穏やかーなところです。人も優しい。ご飯もおいしい、幸せボケで帰ると3キロ以上太ります」

まずご家族のことから聞かせてください。

「お父さんはガチガチのマレーシア人で、ものすごく厳しかった。だけど、それがあって、いまの私があります。もう定年ですが、もとは刑事でした。いま70歳くらいかな。お母さんは元料理人。とても優しくて、仲裁人。父に怒られると必ずあいだに入ってくれました。お父さんにいえないことがあると、お母さんにいったりして。ふたりはいま、コタキナバルの郊外に住んでいます。もう仕事しないから、家でゴロゴロ。お母さんは『おなかにお肉を育成中だ』といってます（笑）。生活習慣病が心配ですね。日本は癌にかかる人が多いけど、マレーシアでは高血圧、糖尿病や心臓病が多いんです。ふたりとも若いときはスリムでしたよー。いまのお父さんはお相撲さんみたいだけど」

きょうだいは何人いるんですか？

「……12人かな」と指を折って数えあげた。

まあ、そんなにいるの？

「私、工学部なのに、数字に弱いですね。マレーシア人は家族が何人か、親が何年生まれか、年がいくつか、まったく気にしません。日本みたいに還暦のお祝いもしないし。12人いるのはね、お父さんの最初の奥さんが亡くなった。まあ、いろいろありまして、お母さんもそのときは子どもが何人かいて、シングルでした。お父さんはレストランの料理見習いとしてオープンキッチンみたいなところで働いていたお母さんを見て、いいなと思ったらしい。そしてふたりは結婚しました。それから私とか、子どもがまた生まれた。だから私は下から数えたほうが早い。11番目」

あれ、そうすると、お父さんの最初の結婚で生まれた子どもは何人いるの？

「えーと……ちょっと待って。いいえ、どっちの子とか区別とかなくていいんです。みんな仲良しで。あ、きょうだいは、男が9人で女が3人です。それは確か（笑）」

日本では子連れ再婚で問題が起きることも多いですよ。それだけ養えたのもすごいし、そんなにうまくいったのはなぜなんでしょう。

「気合いです。気合い入れれば（笑）。とにかく母が優しい人で、父の子どもも自分のお母さんみたいに思っているからかな。だけどお母さん、苦労しただろうなと思います」

それじゃ、よほど大きな家に住んでいたんでしょうね。

「いいえ、育ったころは小さな部屋が3つの3LDK。ひと部屋は女の子3人、ひとつは男の子、ひとつは両親。でも男の子は多くてはみ出すから、半分は居間に寝てた。だからひとりぐらいいなくても、目立たない（笑）。楽しかったですよ」

お父さんはどんなふうに厳しかったんですか？

「イスラームでは結婚するまで、父親は娘を大事にガードします。兄さんたちもです。私が友だちと話がはずんで、ちょっと学校からの帰りが遅くなると、じゃんじゃん電話が鳴る。父が待っていて、『誰といたんだ』と叱られました。

マレーシアでは小学校が義務教育で6年間、共学です。それから中学と高校は一貫で、5年間。小中高と教科書もみんな提供されるというか、代々まわして使いますから、買ったことがない。学費もとても安いんです。高校を出ると男女とも兵役があります」

兵役も行ったんですか？

「いえ、ふたりにひとりくらいの確率で、私は抽選に外れたんです。高校で受けた学力試験で留学も決まっていたし、当たったらどうしようと思ってました。それで留学に向けて、2年間、首都クアラルンプールの国立マラヤ大学の予備教育部に行った」

それはどんな大学？

「日本でいうと東大みたいな。でも昔は誰かが大学に行くと、村をあげてのお祭りでしたが、最近では大学出でも普通という感じです。教育のクオリティもよくなって、貧困から抜けだすには勉強がいちばん大事と進学する人も増えました」

少し、マレーシアについて伺いますね。日本人はペナン島やランカウイ島のリゾートに行くくらいで、あまり強い印象や知識がありません。現在、マレーシアは独立していますが、元イギリス領ですね。イギリスの統治時代についてはみんなどう思っています？

「たぶんそんなに悪い印象はもっていないかな。マレーシア人は穏やかだし、過去にはマレー人の土地を奪ったり、働かせたりしたけど、それも最終的には返しましたし。それに、教育もよかったみたいで、おばあちゃんたちの世代は英語がペラペラなんです」

戦中は日本軍が占領していた時期もあって、独立後はマハティールさんが近代化を進めたんですよね。

「彼はもともと医者で、奥さんも医者ですが、めちゃくちゃ頭のいい方でした。1998年は特に大変で、アジア通貨危機で国が倒産しそうになった。それでも、ほかのアジアの国のようにIMF（国際通貨基金）からお金を借りず、国民にお金を貯めるんじゃなくて使ってほしいと消費を活発にして、経済を立てなおした。専門家でもマネのできない考え方です。

観光にも力を入れて、何も見るものがないといわれていたクアラルンプールにペトロナス・ツインタワーを建てたり、いまでもリスペクトされています。私も尊敬してますよー。

それに、マハティールさんがいなかったら、いま私はここにいないんです。彼は『ルック・イースト・ポリシー』という政策で、欧米に行ってマレーシア人、アジア人としてのアイデンティティを失うのではなく、経済発展したアジアのほかの国からも学ぼうと、日本への国費留学制度をスタートさせた。

そのあとを継いだ前首相のアブドラ・バダウィさんはイスラーム学士です。といっても、マレーシアにはマレー系（約67％）のほかに、イギリスの時代に来た中華系（約25％）、それにインド系（約7％）、それからイバン族やビダユ族、カダザン族とか先住民族もいる。仏教でもヒンドゥー教でもいいし、宗教をもたないことも、認められています。

インド系は頭がよくて、医者や弁護士が多いかな。あと、宝石商も多くて、お金を銀行に預けずに、宝石や金を買ったりしています。そのほうがいざというときに持って逃げるのに便利だから。マレーシアの金は91%（22K）で純度が高い。前に日本でも金の指輪を見てみたのですが、デザイン料が高いのと、純度が75%（18K）くらいなのでやめました。しかも金はマレーシアのほうが安いんです。中華系は起業したり、店や金融業をやっている人が多くて、マレー系は安定志向だから、公務員とか会社員が多いですかね。1969年には『5月13日事件』という、マレー系と中華系のどちらを優遇するかで大きな衝突もあったのですが、いまはもう大丈夫、仲良くしています」

マレーシアの産業というと何がありますか？

「農業は主に自給のためで輸出するほどではなくて、サバ州だと林業かな。日本にも輸出しているはずです。隣りのサラワク州は石油がとれるのと、白胡椒《しろこしょう》も有名。あとはヤシの油もとれるし、乾季と雨季はあっても、1年中、半袖でいられるくらい気候がいいから観光ですね」

乾季には水不足も起きるでしょうね。

「そうですね。新聞にこの地域はいつからいつまで断水する、と事前に記事が出るんです。そのために政府が大きなタンクを支給してくれて、それにみんなふだんから水をためています。電気は、原発はなくて石油と水力発電。よく停電するけど、みんなあまり気にしない。停電になると星がきれいに見えるんですよ」

私も前にクアラルンプールやサラワク州のクチンに行ったことがあります。クチンは「猫」という意味で、とてもきれいな町でした。それはそうと、ニサさんの家での宗教生活はどんなだったのですか？

「子どものころ、お父さんにコーランを徹底的に教わりました。『ここからここまで覚えて』といわれて、間違ったら『アウト』と怒られながら。イスラームではそれはお父さんの役目。お父さんが読み上げると、あとについて子どもたちが祈るんです。だから意味はわからないけど、アラビア語は読めます。モスクには行かないですね」

12人のきょうだいはいま、どうしていますか。

「ほとんど公務員になってます。観光関係の仕事をしているのもいれば、医者もいますし、お姉さんふたりは結婚しました。昔、イスラームでは女性は家にいるだけでいいとされていて、ある意味、楽でした。アラブの裕福な家庭ではいまも家事は家政婦がぜんぶしてくれますよね。

いまはずいぶん変わって、マレーシアの女性は結婚は25歳くらいでしても、仕事をする人が増えたし、旦那さんも料理まではしなくても、家事を手伝ったりします。女性の政治家もたくさんいますよ。賄賂とかお金の問題はたまにあっても、きちんと政治をやってる政治家が多いです。みんな選挙には行きますね（２０１３年の総選挙の投票率は８割を超えた）。だって、マレーシ

ア の明日を決める1票ですから。

　兄たちも結婚して、子どもが生まれて、ほぼほぼ両親のそばに住んでいます。毎年帰るたびに、子どもが増えてますよ。甥や姪はもう20人以上いますかね。これ誰の子？　って感じで、お土産も足りなくなるし、名前も覚えきれません。お父さんやお母さんのことは心配ですが、父は家で孫たちと遊んで、お母さんとゴロゴロ過ごして、『これだけでいい』といってます。

イスラームには昔から、『いちばん近いのが死で、いちばん遠いのが昨日』という言葉があって、

上：コタキナバルの町並み（2008年）
creative commons by Kawaputra
中・下：クアラルンプールの町並み（2017年）

これは父の口癖です。たしかに、昨日には絶対戻れませんから」

日本でも昔はたくさん子どもがいて、それが老後の保障みたいになっていた時代があります。子どもたちが稼いで親に仕送りをしたりね。

「うちもみんな両親に少しずつお金を入れていますが、それは義務ではなくて気持ちです。私もたまに送ってます。親の介護も日本みたいな大変な感じじゃなくて、毎日、子どもの誰かが行って、なんとなくみています。孫たちも、おじいちゃんおばあちゃんのところに行けば優しいし、お菓子ももらえるので、よく遊びにいってますね」

じゃあ、お父さんもおじいちゃんになって、ずいぶん丸くなったんだ。

「そう、優しくなりました」

日本ではいま、2~3人しか子どもがいなくても、うちひとりがうつ病とか、失業とか、引きこもりとか、問題を抱えている家庭が多いです。12人きょうだいで皆さん、すくすく育ったんですね。

「そうですね。マレーシアは小さい国で経済も弱いですが、基本的にストレスがない。なるようになるさ、という感じで、あまり暗く考えません。少しでもストレスを感じたら、神様に祈ったり、コーランを読んだりする。それに残業もしなくて、仕事は5時、6時で切り上げて家族のところに帰る。今日のことは今日で終わらせて、明日はまた新しく始まるって」

いいなあ。日本では1年で約3万の人が自殺しています。

「イスラームでは自殺が禁止されているから、自殺の話はあんまり聞いたことがないですね。みんな家族を大切にしていて孤独にもならない。でも仏教だって、自殺を禁止しているんじゃないですか？

日本に来て学んだことも多いんです。仕事のモラルとか。たとえば……マレーシア人と違って、日本人は遅刻をしない（笑）。それに仕事をきちんとやりとおす。この前、お母さんが日本に初めて来ましたが、『日本人は礼儀正しいね』といってました。

でも前に電車に乗ったら、日本人が私を避けてる気がして、あれ？　私、におうのかな？と思って。そういえば、その前の日にパリでテロがあったなと。テロは過激派のしたこと。だけど、知らない人はまとめてイスラームは悪い人と思ってしまう。イスラームはもともと平和な宗教なので、いまの状況は残念ですね。最近は観光客も増えて、前より外国人として意識されなくなった感じはします。最初、ドイツに留学することも考えたんですが、やっぱり日本に来てよかったです」

外国に留学したのは、ごきょうだいでニサさんが最初なの？

「実は、国費留学の試験に受かるとは思ってなかったんです。お父さんはびっくりして、『お前やるな』と喜んでました。でも、合格したなかで私の成績はそんなによくなかった。日本への国費留学は100人、試験では最後のワクに滑りこんだぐらいだと思います。それで大学は選べず、北海道に行くことになりました。

その前に2年間、マラヤ大学で日本語の勉強をしました。1年で中学3年ぶんの日本語、2年目に高校3年ぶん、それに工学部に行きたかったので、科学関係の専門用語もつめこんだ」

日本行きは誰も反対しなかったんですか？

「母のお母さん、おばあちゃんには大反対されました。彼女は戦争中に、日本軍がマレーシアにいたときのことを覚えています。日本の軍隊に捕まらないように、おばあちゃんはインドネシアとの国境の森のほうまで逃げたそうです。日本軍が住民に罰だといって石けんの入った水を飲ませて、みんな吐いたり、病気になったりしたこともあった、と聞きました。彼女の旦那さんは、私にとってはおじいちゃんですね、あまりに苦労して戦争中に死んでしまいました。食べ物もなかった。それでヤシの木の根っこに近い部分が甘いらしくて、それを削って食べたり、毒のあるイモを3日くらい川にさらして、エビや魚が食べるようになったら大丈夫だからといって、煮て食べたりしたらしいです。

戦争が終わると、おばあちゃんは料理を学んで、母を育てました。その母もお金がないから中学はちょっとだけしか行けなくて、料理見習いとして働きはじめた。だから、『日本なんてとんでもない』って。それで『私はシラット（東南アジアの伝統武術）を習っているし、なにがあっても大丈夫！』と、おばあちゃんを安心させて来たんです」

そうして室蘭工業大学に留学されたのですね。

「はい、20歳から院を卒業するまで、6年間室蘭にいました」

赤道直下のマレーシアから北海道では寒かったでしょう。

「はい、それはもう。しかも風が強いんですよ。でも室蘭に行ってよかったです。みんな親切で、人情がハンパないんです。マレーシア人留学生3人で一軒家をシェアしていたんですが、家賃も安いし、隣りのおばさんが食べきれないからと、大根や魚を持ってきてくれたり。

そのころ北海道にハラール肉を売っているところはなかったけど、室蘭は新鮮な魚が手に入るところで助かりました。あそこは野菜もおいしくて、食べ物の天国です。東京に来てお寿司を食べると、『ん？ 違くね？』と思います。室蘭の魚を食べたら東京では食べられない。どうしても肉を食べたいときは、冷凍のハラール肉を取り寄せてました。インターネットで注文できて、7000円以上買うと送料がタダだったので」

ハラールとは、どういうことをするんですか？

「たとえば鶏肉だとさばき方が違って、首を鋭いナイフで一瞬で切って、できるだけ鶏が苦しまないようにします。そのあと、血をすぐに抜いて、そうするとばい菌も増えずに安心して食べられる。

これは私の希望ですが、最近はイスラームの人が日本に観光にくることが増えていますが、ハラール料理を食べられる店があっても、エスニックばかり。本当は日本料理が食べたくても、ハラール対応じゃないから食べられない人もいる。日本人がパリでフランス料理を味わえず、日本料理ばかり食べるみたいな感じです」

なるほど。たしかにベジタリアン対応は増えても、ハラールはまだまだですね。室蘭の学生生活について、もう少し教えてください。

「楽しかった。アルバイトもしましたよ。焼き鳥屋さんで。お母さんが料理人だったから、私も勉強してみようと思って。でもハラールじゃないので食べられない。それに室蘭では焼き鳥屋といっても焼き豚が多いんです。豚肉はイスラームでは禁忌だからさわってもいけないので、手袋をして調理してました。まかないは店長がわかってくれて、私がシフトに入っていると、魚や豆腐を使った料理をつくってくれて、ありがたかったです。

室蘭には遊ぶところがないから、あとは勉強ばかり。室蘭に留学してもうひとつよかったのは、教授たちが研究一筋に励んでいて、とても丁寧に教えてくれたこと。東京や大阪の大学に留学した友だちに聞くと、遊ぶところも多いし、教授が学会とか企業との打ち合わせで忙しいらしくて、質問したくてもつかまらないそうです。

とにかく留年すると国費奨学金が打ち切られたり、減らされたりするので必死でした」

そのうえニサさんは北海道時代からジャズ歌手としても活動されていた。すごいですね。

「お父さんが昔、マレーシアのテレビののど自慢で優勝したことがあるんです。でも歌手にはならないで、刑事を続けた。だから私も挑戦しようかなと思って。激しいものより、スタンダードをゆっくり歌ってみようと、ジャズ研究会に入りました」

YouTubeで聴きましたよ。

「わー、どうしよう。あれは始めたころの映像でとても下手。いまは東京農工大学の博士課程にいて論文に追われているので、歌の活動は休止してるんです。最近は練習していないからまた下手になったかも。落ち着いたら、またライブをしたり、自分で曲もつくってみたいですね」

いまは工学部におられるのですね。

「はい、いまの研究室を希望して、辻国際奨学財団の奨学金の力も借りて移りました。研究室

上:東京でレコーディング中　下:室蘭での卒業ライブ(いずれも2014年)
以上すべて©Nisa

のウレット・レンゴロ准教授はインドネシア人で、ふだんは英語でやりとりしていますが、マレー語とインドネシア語は似てるんです。日本の標準語と大阪弁くらいのイントネーションの違いで、ほぼいっていることはわかる。マレー語ができれば、インドネシアでもブルネイでもシンガポールでも困らないですよー！（笑）

研究室には学部生、マスター、ドクターと合わせて十数人います。レンゴロ准教授は自分がやっている研究に院生を使うということはありません。『与えられた課題をこなすだけではもったいない、自分でテーマを見つけて実験を組み立てなさい』というのがポリシーで、ボートから海に投げだされて、溺れながら学ぶ、という感じです。これはまずいなとなったら、初めてちょっとだけ助けてくれる。私はいま、大気中に浮遊している粒子を捕集する機械を開発していますが、研究室のみんなもやってることはバラバラ。それに教授は結果よりもプロセス重視で、質問もアドバイスも鋭い。でも考え方を教えてくれるので、先輩に聞くと、面接や社会人になっても役に立つみたいです」

実験中も今日巻いていらっしゃるようなターバンをつけているんですか？

「いえ、今日はちょっとだけおしゃれをしています（笑）。大学には普通のスカーフみたいなものをつけていきます。マレー語ではトゥドゥンといいますが、マレーシアではかぶる人もかぶらない人もいて、決まりではないし、自由が尊重されているんです」

いまの季節だと、暑くないかと思って。

「慣れると意外とそんなでもないです。髪型を気にしなくてもいいから、むしろ楽。寝癖があってもこれをかぶればバレない（笑）。それに白髪も隠せるから、マレーシア人は年をとっても、ずっと若く見える人が多いんです。女性はみんな、心は20歳です（笑）」

さて、博士課程が終わったら、いよいよ歌手活動に？

「いいえ、政府の奨学金をもらった学生は、それだけ国家が投資をしていますので、帰国して10年はこれまで学んだことをいかして公務員として働かなくてはいけません。マレーシアは人口3100万人くらいの小さな国で、あるとすれば人材だけです。それは留学させてもらった者のつとめだと自分でも思っています」

若い女性にここまで言い切られると、参りました、というしかない。彼女の言葉にひとつも迷いはなかった。打てば響く答えと、ユーモアが絶えず添えられていた。そして、話は3時間半に及んだが、その間、出たお料理を彼女はゆっくり食べつくした。細くてしなやかな指で、ローストチキンの骨をはずし、魚の眼の下の肉も箸で器用に削いで食べた。

ニサさんは最後に思い出したように、こういった。

「そう、日本人からいちばん勉強したことは『もったいない』ということです。『いただきます』『ごちそうさま』とかもそうですが、これはマレー語には翻訳できない言葉なんです。マレーシアでは必要以上に料理を頼んで、まだ身のついた魚も余裕で残してしまう。

でも、オリンピックの競技場はまだ使えたのに、なんで壊してしまったのかな。あれは日本人のもったいないという考えとは違いますね」

驚いた。私は、1964年のオリンピック競技場を改修して使うこと、神宮外苑の緑をこれ以上切らないで守ることを主張してきたからである。ニサさんの言葉にとても励まされた。

最後に、写真を撮る段になると、ニサさんは、もう一度きれいに紅を引きなおした。さっきまでの若い研究者の顔が、すっきりと成熟した歌手の顔になった。きれいだこと。でも彼女がいったん笑うと、その大きな目が細くなり、表情はお茶目にくしゃくしゃになる。なんていきいきした人だろう、とつい見とれてしまうのだった。

＊＊＊

その後のニサさん――2017年3月に東京農工大学の博士課程を卒業したニサさんは、その翌月に帰国。現在はクアラルンプールのマレーシア工科大学内のマレーシア日本国際工科院の助教授として働いている。「私より若い先生もいるけど、たまに院生に間違われちゃうんですよ（笑）」。同校は、ニサさんの母校の農工大をはじめ日本の大学29校とカリキュラムの策定などで協力体制をとっていて、今後も来日の機会はあるが、「いつも日本のこと恋しいなあって思いますよ。友だちも食べ物もサービスも」

国のために働く10年が終了したあとのことは、いまはまだ決めていない。ジャズのほうはいまも大学のイベントなどで歌っているというが、「好きなことを仕事にして嫌いになるのもいやだし、趣味のままがいいのかな。でも先を見すぎると目の前のことに集中できなくなるから、将来のことを考えつつ、いまをがんばります」

最近はトランプ米大統領がエルサレムをイスラエルの首都と認めたことで、世界情勢が変わることも心配している。「イスラームにとってとても大事なことで、がっかりしたし、地元ではさまざまな団体が署名活動を始めています」

ウズベキスタン

シェルゾット・サトゥバルディエフさん

ノン販売

この取材を始めて、意識してイスラーム圏の映画を観るようになった。2016年秋、「アジアフォーカス・福岡国際映画祭」に3日間通った。熊本の被災地を訪ねようと思っていたのが台風で頓挫し、私はコンクリートの箱のなかで12本の映画を観つづけた。そのうちの1本に誘拐婚を描いたカザフスタンの映画（「くるみの木」2015年）があった。そのとき、中央アジアの人から話を聞いていないのに気がついた。

2016年11月。香織さんと

そこはイスラーム圏でありながら旧ソ連領だった。地図を見るとかなり広い。ロシアと国境を接して広大なカザフスタンがあり、その南にあるのがウズベキスタン、東にキルギスとタジキスタン、さらに南にトルクメニスタンとアフガニスタン。ウズベキスタンにはブハラ、サマルカンドのようなシルクロードを思い起こさせる歴史的都市がある。

しかし、ウズベキスタン出身で日本在住の人を見つけるのはなかなか大変だった。おそらく70万人以上の中国人が日本に住んでいるが、それと比べてウズベク人は数百人程度である。いろんな人を煩わして、埼玉県春日部市で、中央アジアの主食ともいうべきノンとソムサを焼いているウズベク人シェルゾット・サトゥバルディエフさんに行き着いた。

会いにいくのにも少々骨が折れた。東京の自宅から地下鉄南北線で王子まで。京浜東北線に乗り換えて大宮へ。そこから東武アーバンパークラインで豊春へ。駅に妻の香織さんがバンで迎えにきてくれた。横浜出身で数年前からこの地に暮らす香織さんは、「あのキルギスの広い国土を経験したら、関東平野ならどこでも同じだと思っちゃって」と度肝を抜くようなことをいう。とにかくエネルギッシュというのが彼女の第一印象で、話しているうちにきれいな人だなあ、と思いはじめた。着いたのは国道からすぐの新築の一戸建て。

出迎えてくれた旦那さんはほっそりしてこれまた美男子、実はウズベキスタン出身ではなく、キルギスのオシュというところで生まれたウズベク人。キルギス全体でみると少ないそうだが、そのあたりにはウズベク人が町の人口の半分くらい暮らしているらしい。名前は語尾がややロシア風だ。なかなか名前を発音できなくてまごまごしていると彼は笑って、「シェルと呼べば」といった。個人名のシェルゾットは「ライオン」、家の名サトゥバルディエフは「売り買いする」という意味だという。「どちらもよくある名前ですね」

「なんでも話しますから聞いて」というシェルさんは、ノンづくりの手を休めない。家のダイニングキッチンを工房にして、テーブルの上で、一次発酵させた生地を測っては切り、丸め、平べったく伸ばし、そこに輪っかのようなもの（チェキチ）で細かく模様をつけていく。最後にブラッククミンをぱらぱらと振りかける。「これは小麦と水、塩、胡椒《こしょう》、砂糖、バターしか使っていない。インドではナンと呼びますが、ウズベキスタンではノンといいます」

庭にタンディルと呼ばれる窯《かま》がある。シェルさんはその内側に成形したノンを貼りつけていく。ノンの販売を始めた当初は、植木鉢とレンガで窯を自作したそうだが、いまは2代目で、インド製の窯を使っているのだという。

ふだんは物流の会社で働き、休みの日だけ予約注文を受け、100枚ほど焼く。

「今日も30枚ぐらい予約が入っていますね。3枚で1000円です。ここに取りにくる人もいるし、遠くからの予約分は宅配便で送ります」

ひとつがこんな大きいのに？　それは良心的なお値段です。

まず香織さんにシェルさんとの出会いから話を聞くことにした。

「学生時代、アルバイトをしてお金を貯めては海外旅行をしていたんです。ヨーロッパにも行ったけど、一度行ったら満足してしまって。あるとき、自分には中央アジアに関する知識がすっぽり抜けているのに気づいて、最初は中国の新疆《しんきょう》ウイグル自治区に行きました。10年くらい前かな。中国の一部だと思っていたのに、空港についた途端、アラビア文字に迎えられた。モスクに行ったのもウイグルが初めて。知らない文化に触れたこの旅があまりに楽しくて、中央アジアをもっと知りたいと思いました。塾の講師などさらにバイトにはげんで、半年に1回く

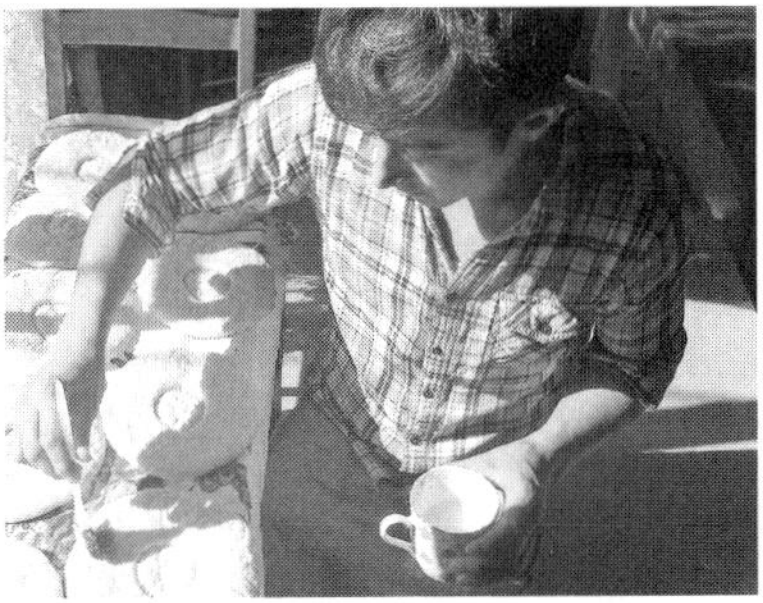

上：ノンに艶だしのための卵を塗るシェルさん　下：成形したノン

らい、ウズベキスタンやキルギスに出かけるようになった」

ご両親は心配しませんでしたか？

「心配しましたよ。止められてあきらめたこともありました。遅く生まれたひとり娘だったので、父は特に。母のほうは二期会（声楽家団体）所属のオペラ歌手で、ドイツへの留学経験もあったから父ほどではなかったかな。

そのうち親のほうが根負けして、2008年、3度目の中央アジアへの旅の途中、ウズベキスタンからキルギス側の国境の町・オシュに歩いて渡っていたときに出会ったのが彼です。その日、雨が降っていて、市内にどうやって行こうと、ちょっとおろおろしていたんですよ。ウズベク語もキルギス語もロシア語もほとんどわからないし。そこで彼が声をかけてくれた。彼は当時、オシュの国立大学の大学生でしたが、英文科で英語が通じた。放課後にちょっとした小遣い稼ぎに親の車を借りて、白タクの運転手をしていたんです。『いくつなの』と聞かれて『21歳だよ』と答えたら、『ぼくもそのくらい』って」

それは運命的な出会いだったのでしょうか？

ノンづくりに忙しいシェルさんに話をふってみた。

「そうですね。口じゃ説明できないけど、ほかの人となんか違った。初めて結婚したいなと思った。ウズベク人はほとんどがイスラーム教徒なので、付き合うっていうのは結婚するということ。お見合いも多い。でも、そのときは町まで乗せていく10分くらい話して、降りるときに紙をちぎって、メールアドレスを交換しただけだった」

「帰国したら、オシュで困っていることがあったら連絡して、とメールが入っていたのに気がついた（笑）。そこからやりとりが始まって、1ヶ月くらい返さなかったら、『ぼくのこと忘れちゃったの、次はいつ来るの』って」

シェルさんは恥ずかしそうに、焼き上がったノンを「食べてみてください」と私に差しだした。ノンに散りばめられたブラッククミンの香りが高い。香織さんはチャイと、ラズベリーと

上：庭の窯でノンを焼くシェルさん
下：焼き上がったノン

Novvoyxona SHER
ノンの予約受付のほか、キルギスの蜂蜜やウズベキスタンの陶器、香織さんがデザインしたアドラスの雑貨なども販売
http://mayram.shop-pro.jp

さくらんぼのジャムを出してくれた。うーん、おいしい。

「半年後に今度は友だちと行ったら、空港で彼が待っていて、そのまま彼の親戚の家に連れていかれて。そのとき彼のご両親は不在で、代わりにおばさんがテーブルを埋めつくすほどのご馳走を並べて待っていてくれたんです。そんなおもてなしをされるとは思っていなかったから、面くらいました。彼は大学のワンダーフォーゲル部に入っていて、トレッキングをしにきたヨーロッパ人をガイドするクラブなんですけど、このとき、山も案内してくれた。キルギスは自然がすばらしいんです。

次にキルギスへ行ったときにプロポーズされて、自分でも意外なほど素直に『うん』と答えていました。日本に帰国してからは悩みましたよ。生活はとてつもなく変わるだろう。だけど、親にも『どうしちゃったの』といわれるくらい中央アジアにハマって、日本にいるあいだはずっとあちらの歴史とか言葉の勉強をして。でも、こういう運命だったからなんだと思ったら、いままでのことすべてのつじつまがあったような気がして。結婚する決意が固まりました」

少し手を休めているすきに、今度はシェルさんに生い立ちを聞いた。

「うちはシルクロードに面していて、ノンを売っています。4人とか6人で1日に3000枚くらい焼く。おじいさんもノン屋さんで、うちと道をはさんで向かいに店がある。店によって味が違うんです。兄と弟と妹がいる。お母さんがずっと病気だったから、7歳くらいからぼくたち子どもが洗濯とか料理をしてた。２００２年に母が亡くなって、お父さんが大変だというので、ぼくだけがウズベキスタンの首都タシュケントにいるお母さんの弟のところに行くことになった。しばらくそこで学校に通って、２００６年にオシュに戻った。
ぼくがいないあいだに、新しいお母さんが来ていて、新しい子どももできて、最初はショックを受けた。でもしばらくすると、そのお母さんがロシアのエカテリンブルクの寿司屋で働きはじめた」

私はかつてシベリア鉄道の旅の途中、エカテリンブルクに降り、通訳の大学生の家のダーチャ（別荘）にホームステイして、農作業を手伝ったことがある。ここは、ロシア革命に際し、ロマノフ家の一族が処刑された町として知られ、以後、革命家にちなんだスヴェルドロフスクの名で呼ばれたが、ソ連崩壊後はエカテリーナ女帝にちなむ名に戻った。

あそこって、エリツィン元大統領もいた歴史のある町ですよね。

香織さんが引きとって続ける。

「そうです、中央アジアの人にとっては、自分の国の続きみたいな場所です。オシュには仕事がなくて、みんなロシアに出稼ぎにいくんですよ。キルギスの約６００万人の国民のうち、１００万人くらいが外国に出稼ぎにいっています。お義母さんは『あなたの息子ならいつでもどうぞ』といわれるように、子どもの将来のために先に行って下地をつくっていたんです。ロシアでは寿司がはやっていて、おしゃれな食べ物という感じ。魚は冷凍でも、サーモンとクリームチーズを一緒に巻いたりして。それで、彼や彼のきょうだいも学費を稼ぐために一時期、そこで働いていた。彼がオシュに戻ったときは15歳くらい。お義母さんは、実の子とわけへだてなく育ててくれたように思います」

こうして聞くと、シェルさんの人生もまた大変なものだ。そして大学に入り、香織さんと出会ったのである。その後、香織さんは大学を卒業し、証券会社に入社。

「結婚を機に退職したのでいま思えば短いですが、会社で経験したことはいまも仕事をするうえで強みになっています。2010年の春に、そのころエカテリンブルクにいた彼を日本に呼んで、秋に籍を入れました。私が24歳のときです」

それはまた早い。反対はされなかったのね。

「最初はどちらの親も反対しました。まずは私が彼の両親のところに行った。宗教のこともあって反対する家族もいたのですが、お義父さんが説得してくれて、お義母さんも受け入れたというしるしのネックレスをくれました。イスラームに関しては、個人対神様の約束事だから、人には押しつけないようにといわれていて、強要はされなかったんです。向こうではモスクに行くのは男だけ、女性は行かないですし。結婚前にお酒と豚をやめたくらい。料理酒を使うのもだめで、慣れるまで不便でしたね。うちの親のほうは彼に会ってやっと許してくれました。

本当は結婚を機にキルギスに行く予定だったのが、2010年6月にオシュで死者が100人以上出る暴動が起こって、日本の外務省も渡航延期勧告を出した。うちの親も心配するし、向こうからも『来ないほうがいい』といわれて」

聞けば「キルギスの南部の首都」ともいわれるオシュはもともとウズベク人の町で、旧ソ連時代、1924年に引かれた国境線をもとにキルギスに組み入れられた。そのため、ウズベク人とキルギス人のあいだに長く民族問題があるという。

「ウズベク人は何千年も前から商人で、ビジネスが上手なんですね。キルギス人は遊牧民。貨幣経済は最近までなかった。気質が違うから喧嘩になる」

新婚生活は日本で送ることとあいなり、シェルさんは「外国もほとんど初めて、日本語はこんにちはも知らないくらい」のまま来日、川崎のパン屋で働きはじめた。そこは「フランス系のパン屋さんで、ノンとはつくりかたも違った」

しかし、日本で暮らしはじめたのも束の間、東日本大震災が起き、妊娠中だった香織さんは今度はエカテリンブルクに向かった。

「彼のお義母さんにチェルノブイリのときの記憶がすごくあって、取り返しのつかないことになったらどうするのって心配してくれて。その年の4月にはモスクワ経由でエカテリンブルクに行きました。でも、あちらはまだすごく寒くて。家に水道もなくて、井戸水をくむんですよ。そういう環境の変化もあって、体調を崩してしまって」

香織さんは結局、キルギスで第1子を産んだ。勇気あるなあ。

「病院はキルギス語、先生もキルギス人。言葉もなかなか通じないし、大変でした」

シェルさんによると、ウズベク語とキルギス語は方言くらいの違いだというが、外国人には難しい。

「入院中、お義母さんが家から毎日3食、運んでくれて、夜もずっと横についていてくれたんです。普通できないことだと感謝しています。でも、いま思えば、私も無知だったからこそ勢いだけで行けたなと思います（笑）。向こうで暮らしはじめるまでは、まさか水が2日に1回しか出ないとは知らなかったし、トイレットペーパーは馬糞紙か新聞紙でごわごわだし、洗濯は手洗いだし。

あと、おそらく土着の風習なんですけど、子どもが病気になると、人参を刻んだものをお尻にはったり、魔術師が家に来て、なにかを唱えながら水を吹きかけたりする。最初はびっくりしましたけど、そういうのもだんだん許容できるようになった。日本ではおっぱいの出ないときにキャベツを胸にはるというのを聞いて、なんだ、同じじゃんって（笑）」

数ヶ月の滞在ののち、日本に戻り、シェルさんは今度は横浜のパン屋「ベッカライ徳多朗」につとめた。なかにラード（豚脂）を使うパンもあったそうだが、オーナーがシェルさんの宗教に配慮して、シェルさんのいる店舗ではそのパンをつくらないことにしてくれたという。日本語も仕事をしながら覚えた。そして、現在の家への引っ越しに伴い独立、ノンの販売をスタートさせた。

それにしても、ふたりともこの若さでなんという波乱万丈の人生。いつか自伝を書くためにちゃんと年号とか覚えておいてくださいね。実はこのふたり、彼のほうが3つ年下で、それは家族以外のキルギスの友人知人には内緒だという。

「向こうの両親に『日本人は若く見えるから、うちの息子より1歳下だといってくれ』と頼まれて。ウズベク人は同い年か年下としか結婚しないらしくて。『日本の女性は自分のやりたい仕事をしてから結婚するんだ』というと向こうの女性からは、いいなあとうらやましがられます。女性はだいたい25歳がリミットという感じです」

ところで、ウズベキスタンでもいまだに誘拐婚ってあるんですか？

ふたりは顔を見合わせる。

「ないよね？　キルギスではたまにあるらしいけど。アラ・カチューといいます。お互いが合意のうえの幸せな誘拐婚もありますが、不幸なのは本当に知らない人に連れ去られる場合。いまは法律で禁止されているみたい」

ウズベク人とキルギス人の結婚も多いのかしら？

「ウズベク・キルギス・カップルはあまりいない。暴動のあと、キルギス人と結婚してくれたら大きなお金を払うって国の貼り紙があったけど。同化政策っていうの？　ぼくもウズベク人の小学校に行っていたし、うちのまわりもみんなウズベク人。最近、大きなマンションが建って、そういうところはキルギス人が多くて、キルギス人の小学校がある。公用語はキルギス語とロシア語。でも、オシュではウズベク人はウズベク語、キルギス人はキルギス語、バザールでは共通語のロシア語で話す」とシェルさん。

中央アジアの国というとみんな似たような印象なのですが。

「まったく違いますね。ウズベキスタンは世界遺産だらけで観光には楽しいところです。カザフスタンは物価が高すぎる。キルギスは初めて行ったとき、あとにも先にもないほどの大寒波が襲って、とにかく寒い国だなと。私、頭を丸出しにして歩いていて、『脳みそが凍るよ。来るなら夏がいいよ』って笑われたりして。男は羊の毛皮の帽子をかぶって、女の人もフード付きのジャンパーを着ている。でも、そのときなぜか、私、ここに住むことになる、と思いました。

3回目にやっと夏に行ったら最高で、どこまでも続く丘に羊がいっぱいいて。遺跡とか見るものは何もないところだと思っていたのに、大自然があった。このとき、彼に会ったんです」

着るものも違うんですよね。香織さんが今日着ているのは？

「これはウズベキスタンのアドラスという、絹と綿の絣《かすり》です。キルギスの民族衣装はまた全然違います。男の人はどちらの国も民族衣装ではなく、普通の服を着ている人が多いかな。年配の人は唐辛子の模様のついた真四角の帽子ドッピ、魔除けらしいんですけど、をかぶる。キルギス人男性はカルパックという白いフェルトの帽子をかぶっていて、道を歩いていても何人か一目瞭然です」

ノンを主食にほかにどんなものを食べますか?

「トマトのスープが多いです。料理はどの国も似ているかな。家の中庭はたいてい家庭菜園になっていて、そこで夏のあいだ野菜を育てて、ドライトマトとかにして冬に食べるんです。果物はキロ単位でジャムにして。冬は保存食ばっかりです。春先までそれでしのぐ。

あとは羊、牛、鶏の順に食べます。羊がとにかくおいしいんですよ。羊の油も料理にたっぷり使うから、コレステロール値の高さが原因で亡くなる人が多い。気をつけなくちゃと思って

上:サマルカンドの町並み(2009年) creative commons by Peretz Partensky
下:シェルさんご一家、キルギスにて ©Novvoyxona SHER

います」

「子どものころは家で羊を飼って、それを食べた。いまは肉屋から買ってくる。向こうは乾燥してるから、店の前にぶら下げてある」とシェルさん。

当然、豚は食べないが、ロシア人や朝鮮人用に売っているところもあるという。

「朝鮮人のバザールには干し豆腐とか、浅漬けのキムチも売っています。彼らはいくら長くウズベキスタンやキルギスに住んでいても、ロシア語しかしゃべれないんですよ」

それはスターリン時代に極東の沿海州から強制移住させられてきた人たちの子孫だろう。日本軍のシベリア出兵以降、スターリンは彼らが日本のスパイではないかと恐れ、17万もの高麗人系住民を中央アジアに移住させた。この移住に伴い、4万人が死亡したとも伝えられている。

ソ連時代はロシア正教の教会も壊されたりしましたが、イスラームへの宗教弾圧もあったんじゃないですか?

「モスクが閉鎖されたこともあったそうです。今年（2016年）亡くなったウズベキスタンのイスラム・カリモフ大統領は、急進派をおさえるために『反イスラーム政策』をとっていて、ヒジャブも禁止したので、いまも女性はあまりかぶらない。タシュケントにはミニスカートの女の子もいます。オシュはウズベキスタンの政策の届く範囲ではないし、保守的だから、かぶっている人が多いかな。ソ連時代を経験した人よりも若者のほうが宗教心があると聞いたこともあります」

政情が不安定なアフガニスタンとも近いですね。

「国がいちばん警戒しているのはテロリストが入ってくることなんです。地下鉄や空港でもX線の検査があるし、警察もうろうろしている。2010年のオシュの暴動のあとには、ウズベキスタンとの国境も封鎖されました。外国人は通していたけど。だから陸路で2キロくらいなのに、ウズベキスタンやキルギスのパスポートでは行き来できない。親戚がいても簡単には会えないし、結婚式があったりしたら、それを証明する電報を打ってもらって、やっと通してくれた。今回、ウズベキスタンの大統領が亡くなって、国境が開放されたんですね。タシュケントから有名な音楽家の人たちがオシュに来たりして、お祭り騒ぎでした」

「これからいろいろ変わるっていわれてる。前の大統領は支持する人も多かったけど、力で抑えるって政治。国の悪口もいえなかった。キルギスの政治のほうが自分に関係あるんですけど、ウズベキスタンでは来月（2016年12月）大統領選挙がある。そっちのほうに興味がある」とシェルさん。

いつかはキルギスで暮らす選択肢もありますか？

「どうしようかっていつも話してますね。簡単には行き来できないのでよけいに。ウズベキスタンへは直行便があるのですが、キルギスはないので、行くだけで2日がかりなんですよ。タシュケントからは陸路で、途中、カムチック峠っていう険しい峠を越えて、国境は徒歩で渡らないといけない。雪の日には男は全員降りて、車を押したり、大騒ぎなんです。

オシュの家にはしょっちゅう人が訪ねてきて、女の人何人かで中庭で料理の下ごしらえをしながら、おしゃべりしたり。冬は2口コンロ付きのペチカ（暖炉）が暖房代わり。そこでみんなで料理をして。ゆーっくり流れるあの時間がなつかしいですね。

日本人にしては若いときに結婚したので、子育てが終わったら、どうしよう。アゼルバイジャンにも行ってみたいし」

途中で練馬からノンを車で買いにきたご夫婦もいた。私はノンにジャムをつけてパクパクと食べつづけた。本当においしい。

私はふたつ買ったノンを家に帰ると4つに切って冷凍庫に入れ、トースターで焼いて数日にわたって食べた。中央アジアの味がした。優しくて働き者のシェルさん、芯が強くて怖いもの知らずの香織さん、ふたりの道がこれからもまっすぐ続くことを願わずにはいられない。

＊＊

その後のシェルさん――インタビュー後におふたりは「ニキズキッチン 外国人の自宅で習う料理教室」の講師となり、月に数回、キルギス料理を教えている。ラグマン（手打ち麺）、プロフ（ピラフ）のほか、ノンづくりも経験できると人気だ。
2017年の秋には、「ノンを買いにきてくださった方にのんびりくつろいでもらえたら」と、庭にカラフルなキルギスの遊牧民の家ボーズゥイを建てた。これは秋から冬にかけての気候のいい時期限定で、今後も設営する予定とのこと。業務用の土窯は3代目に。いまは日本のメーカー神田川石材商工がインド料理店用に製作した、セラミックのタンドール窯を使用している。

シェルさんは2017年末につとめていた会社を退職、以後は香織さんと中央アジアの文化を日本に紹介する仕事に専念するという。これからが楽しみだ。

タジキスタン	53人	タジク語
イエメン	52人	アラビア語
アゼルバイジャン	48人	アゼルバイジャン語
アルバニア	45人	アルバニア語
アラブ首長国連邦	40人	アラビア語
シエラレオネ	35人	各民族語（公用語は英語）
トルクメニスタン	24人	トルクメン語・ロシア語
ガンビア	23人	各民族語（公用語は英語）
クウェート	23人	アラビア語
オマーン	20人	アラビア語
バーレーン	18人	アラビア語
ブルキナファソ	17人	各民族語（公用語はフランス語）
カタール	12人	アラビア語
モーリタニア	11人	アラビア語
ニジェール	10人	各民族語（公用語はフランス語）
エリトリア	8人	ティグリニャ語・アラビア語
コソボ	4人	アルバニア語・セルビア語
ソマリア	3人	ソマリ語・アラビア語
チャド	2人	フランス語・アラビア語

*「在留外国人統計」よりムスリム人口比率50%以上の国の人数。

このほかに日本人配偶者やそのほかの国々のムスリムを加え、
2017年現在は10万人以上のムスリムが日本に暮らしているとされる。

（店田廣文「世界と日本のムスリム人口 2011年」『人間科学研究』26巻1号を参考に作成）

*太字は本書に登場する国

日本のムスリム人口推計(2010年末)

国名	ムスリム人口推計	主な言語(国語・公用語)
インドネシア	19169人	インドネシア語
パキスタン	9897人	ウルドゥー語(公用語は英語)
バングラデシュ	8985人	ベンガル語
マレーシア	5052人	マレーシア語・英語
イラン	4754人	ペルシア語
トルコ	2483人	トルコ語
ナイジェリア	1378人	各民族語(公用語は英語)
エジプト	1344人	アラビア語
アフガニスタン	1137人	ダリー語・パシュトー語
ウズベキスタン	634人	ウズベク語
サウジアラビア	628人	アラビア語
モロッコ	374人	アラビア語・ベルベル語
チュニジア	340人	アラビア語
セネガル	301人	ウォロフ語(公用語はフランス語)
ギニア	223人	各民族語(公用語はフランス語)
ヨルダン	174人	アラビア語
シリア	162人	アラビア語
アルジェリア	155人	アラビア語・ベルベル語
スーダン	146人	アラビア語・英語
キルギス	134人	キルギス語・ロシア語
マリ	117人	バンバラ語(公用語はフランス語)
イラク	90人	アラビア語・クルド語
リビア	73人	アラビア語
パレスチナ	62人	アラビア語
レバノン	54人	アラビア語

あとがき

小さいころから、『アリババと40人の盗賊』の絵本や、長じてはバートン版の『アラビアンナイト』をワクワクドキドキ読んだりして、その不可思議な世界に魅了されてきた。NHKのシルクロードやイスラーム社会に関する番組もよく見た。世界史の本もたくさん読んだし、第2次世界大戦前後の中近東の激動も、本の上では読んできた。しかし、行ったことのない社会を理解することは難しかった。

私のイスラームへの関心は2001年、ニューヨークでの9・11のテロ以後、東京の町のなかのイスラームの人々が生きにくくなっているのを隣人としてどう考えるのか、というところからふたたび火がついた。

さらに2011年の東北地方の大地震と津波、原発事故という3・11以降、大塚モスクの人々、まさにわが町の隣人たちとともに、被災地の支援にいったことがそれを加速した。私のブログ

「震災日録」に収められた、大塚モスクのお手伝いの感想を見て、紀伊國屋書店の大井由紀子さんが連絡をくれた。日本に住むイスラーム圏の人々を訪問して、彼らの生き方や、イスラームの考え方について同社のPR誌「ｓｃｒｉｐｔａ」に記録しませんか、という話だった。季刊誌なので年に4回しか書く機会がない。私はゆっくりとイスラーム世界の人々と付き合っていくことにした。

30年以上、地域雑誌『谷中・根津・千駄木』という雑誌を通じて、谷根千の町のお年寄りに話を聞いて、町の歴史を深く掘り、記録してきた。今回は、浅くではあるが、世界中に広がるイスラーム世界の人たちの話を聞いた。話してくれたのは私より若い人が多かったが、国によっては政治も言論も自由が少なく、経済的にも苦しいなかで育ってきた若い人々は、自分をしっかり育て、多くの経験を積んでいた。いつも彼らの人生を生きる速さと成熟ぶりに驚かされ、教えられるばかりだった。

故国の厳しさによっても、日本で出会った人によっても人生は変わる。留学生として来た人たちと難民として来た人たちのあいだにも当然ながらかなりの違いがあった。エグザイル（故郷喪失者）にならざるを得ない人もいれば、日本で貯めた元手で故郷に帰って事業を起こす人もいる。そのときに、日本での経験は思い出したいものになっているだろうか。

インタビューに際してはあえて下調べをしすぎず、先入観なしにその人の言葉に耳を傾けることにつとめた。またハラールについてなど、何度か訊ねた質問もある。出会いを重ねるたび、ひと口に「イスラーム」といっても、国ごとの戒律の厳しさや、それぞれがイスラームに向き合う姿勢が異なることもわかった。もちろん同じ国のなかでも信仰の形はさまざまであろう。多様な面を持つイスラーム世界のまだ入り口に立ったくらいかもしれない。勉強不足による間違いがあったら、ご教示をお願いしたい。それでもこの間、出会い、話を聞いた人たちの顔を思い浮かべると、以前は遠く感じた彼らの国々が近しく思える。まさに「お隣りさん」だ。

途中、実際のイスラーム世界に触れたくて、アラブ首長国連邦とトルコのイスタンブールに行ってみた。これまで私が訪れたなかで、ムスリムが多く住む国としては、インドネシア、マレーシア、インド、チュニジアなどが挙げられる。2017年の11月にはミャンマーに文化財保存の仕事で行ったが、同じこの国でイスラーム系の民族ロヒンギャの弾圧が行われているかと思うと心が痛んだ。民主化のシンボルであったアウン・サン・スーチー国家顧問が問題の解決に消極的なのには驚いた。これからも、イラン、ウズベキスタン、パキスタンのフンザ、モロッコなど、まだ訪れたことのない彼らの国にも可能なかぎり行ってみたいと思う。

取材の最中に読んで面白かった本と映画の一部をご紹介したい。

タミム・アンサーリー『イスラームから見た「世界史」』(小沢千重子訳、紀伊國屋書店、2011年)

大塚和夫『イスラーム的——世界化時代の中で』(NHKブックス、2000年)

片倉もとこ『イスラームの日常世界』（岩波新書、1991年）
片倉もとこほか編『イスラーム世界事典』（明石書店、2002年）
エドワード・W・サイード『オリエンタリズム』上下巻（今沢紀子訳、平凡社ライブラリー、1993年）
桜井啓子『日本のムスリム社会』（ちくま新書、2003年）
イブラーヒム・サルチャム『聖ムハンマド――その普遍的教え』（東京・トルコ・ディヤーナト・ジャーミイ、2011～12年）
シグロ編『エドワード・サイード　OUT OF PLACE』（みすず書房、2006年）
『アンネマリー・シンメルのパキスタン・インド歴史紀行』（大澤隆幸・平井旭訳、大学教育出版、2001年）
高野秀行『イスラム飲酒紀行』（講談社文庫、2014年）
高橋美香『それでもパレスチナに木を植える』（未来社、2016年）
店田廣文『日本のモスク――滞日ムスリムの社会的活動』（山川出版社、2015年）
中村哲・ペシャワール会『空爆と「復興」――アフガン最前線報告』（石風社、2004年）
21世紀研究会編『イスラームの世界地図』（文春新書、2002年）
樋口直人ほか『国境を越える――滞日ムスリム移民の社会学』（青弓社、2007年）
細井長『アラブ首長国連邦（UAE）を知るための60章』（明石書店、2011年）

水谷尚子『中国を追われたウイグル人——亡命者が語る政治弾圧』(文春新書、2007年)
オズジャン・アルペル『風は記憶』(トルコ・仏・独・ジョージア、2015年)
ハイファァ・アル＝マンスール『少女は自転車にのって』(サウジアラビア、2012年)
バフマン・ゴバディ『国のない国旗』『国境に生きる』(イラク、2015年)
土井敏邦『届かぬ声——パレスチナ・占領と生きる人々』(2010年)
エルラン・ヌルムハンベトフ『くるみの木』(カザフスタン、2015年)
アサド・フラッドカー『ハラル・ラブ』(独・レバノン、2015年)
古居みずえ『ぼくたちは見た——ガザ・サムニ家の子どもたち』(2011年)
マジド・マジディ『預言者ムハンマド』(イラン、2015年)

最後に、本書は「お隣りのイスラーム——日本に暮らすムスリムたち」というタイトルで、「scripta」2012年秋号(25号)から2016年夏号(40号)まで連載したものに加筆修正したものだが、2016年夏に『となりのイスラム』(内藤正典著、ミシマ社)という本が出た。これはイスラーム学者がイスラームを解説したわかりやすい本だった。私の連載は、日本に暮らすイスラーム圏の人々へのインタビューを通じて、「隣人であるイスラームの人々を知ろう」という内容である。単行本化にあたりタイトルを変更することも考えたが、かけがえのない、愛着のあるタイトルなので、あえてこのままいくことにして、サブタイトルのみ変更した。

この連載を通じて、私の蒙もかなりひらかれたと思う。たとえば、子ども向けの世界史の本ですりこまれた「コーランか剣か」といったムハンマドのスローガンそのものが西欧世界によって宣伝された、イスラームの覇権と暴力を印象させるものなのである。また、西欧の文学や絵画に登場するムスリムやユダヤ人の姿がいかに異質さを強調し、西欧世界のあらまほしき姿を表象したものか、理解できるようになった。同じように西欧は私たち日本人に対しても、ピエール・ロティの「江戸の舞踏会」をはじめとして、偏見に満ちたサインを発している。私たちも例外ではない。よその国を訪ねるとき、隣人と話すとき、そうした先入観で出会う人々や社会を決めつけていないか、心したいことである。

今回、話を聞かせてくれた方々、山田美帆さん、野口雅昭元在イエメン大使ほかの専門家の方々、こうした企画を考え、粘り強く取材対象者を探し、インタビューに立ち会い、原稿をチェックしてくれた紀伊國屋書店の大井由紀子さんに感謝したい。彼女の情熱なしにはこの本は完成しなかった。

２０１７年12月　　森まゆみ

著者略歴

森まゆみ（もり・まゆみ）

1954年、東京都文京区動坂生まれ。作家。
1984年に地域雑誌『谷中・根津・千駄木』を創刊、2009年の終刊まで編集人をつとめる。
著書に『鷗外の坂』（芸術選奨文部大臣新人賞）、『「即興詩人」のイタリア』（JTB紀行文学大賞）、『「青鞜」の冒険――女が集まって雑誌をつくるということ』（紫式部文学賞）、
近著に『暗い時代の人々』、『子規の音』ほかがある。

お隣りのイスラーム
日本に暮らすムスリムに会いにいく

2018年2月26日　第1刷発行

著者　森まゆみ

発行所　株式会社 紀伊國屋書店
東京都新宿区新宿3-17-7
出版部（編集）　電話　03（6910）0508
ホールセール部（営業）　電話　03（6910）0519
〒153-8504　東京都目黒区下目黒3-7-10

本文組版　明昌堂

印刷・製本　シナノ パブリッシング プレス

ISBN978-4-314-01155-6 C0095 Printed in Japan
定価は外装に表示してあります